FACULTÉ DE DROIT DE TOULOUSE

DES JURIDICTIONS CRIMINELLES

CHEZ LES ROMAINS

DU DROIT DE SUITE DES CHOSES MOBILIÈRES

EN DROIT FRANÇAIS

THÈSE POUR LE DOCTORAT

SOUTENUE

Par M. Jean ROUQUET

AVOCAT

LAURÉAT DES CONCOURS DE LICENCE

TOULOUSE

IMPRIMERIE CREYSSAC ET TARDIEU

1, Rue du Moy, 1.

1879

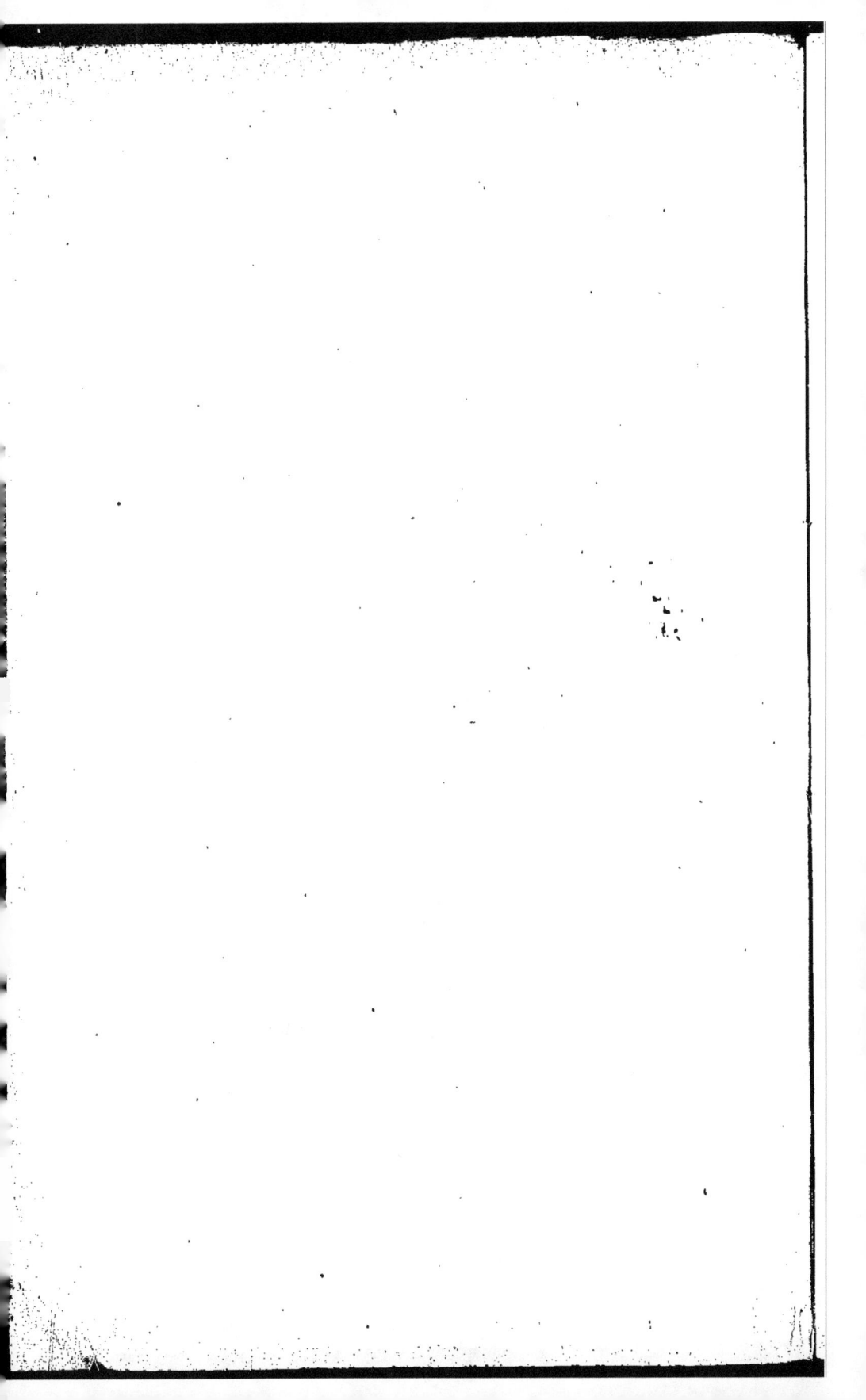

FACULTÉ DE DROIT DE TOULOUSE

DES JURIDICTIONS CRIMINELLES

CHEZ LES ROMAINS

—

DU DROIT DE SUITE DES CHOSES MOBILIÈRES

EN DROIT FRANÇAIS

—

THÈSE POUR LE DOCTORAT

SOUTENUE

Par M. Jean ROUQUET

AVOCAT

LAURÉAT DES CONCOURS DE LICENCE

TOULOUSE
IMPRIMERIE CREYSSAC ET TARDIEU
1, Rue du May, 1.
—
1879

FACULTÉ DE DROIT DE TOULOUSE

MM.

DUFOUR ✳, doyen honoraire, professeur de Droit Commercial.

BONFILS, doyen, Professeur de Procédure civile.

MOLINIER ✳, Professeur de Droit criminel.

BRESSOLLES ✳, Professeur de Code civil.

MASSOL ✳, Professeur de Droit romain (Pandectes).

GINOUILHAC, Professeur de Droit français, étudié dans ses origines féodales et coutumières.

HUC, Professeur de Code civil.

POUBELLE, Professeur de Code civil, en congé.

ROZY, Professeur de Droit administratif.

ARNAULT, Professeur d'Economie politique.

DELOUME, Professeur de Droit romain.

HUMBERT, Professeur honoraire.

LAURENS, agrégé, chargé du cours de Droit des gens.

PAGET, agrégé, chargé d'un cours de Droit romain.

CAMPISTRON, agrégé, chargé d'un cours de Codecivil.

BRESSOLLES, agrégé.

VIDAL, agrégé.

WALLON, agrégé.

M. MOUSSU, secrétaire, agent-comptable.

Président de la Thèse : M. GINOUILHAC

Suffragants :
{
MM. BONFILS,
MOLINIER.
BRESSOLLES.
LAURENT.
PAGET.
}

La Faculté n'entend approuver ni désapprouver les opinions particulières du Candidat.

MEIS ET AMICIS

DROIT ROMAIN

DES JURIDICTIONS CRIMINELLES CHEZ LES ROMAINS

INTRODUCTION

On s'est livré, en France, à peu d'études sur le Droit criminel des Romains. Est-ce qu'un tel sujet serait dépourvu d'intérêt et incapable d'éveiller dans l'esprit des idées fécondes en applications utiles? Loin de là. Cette partie du Droit, soumise à d'aussi nombreuses variations qu'il survint de changements dans la constitution politique de Rome, nous offre le spectacle de progrès alors réalisés et que serait fière d'avoir atteints, de nos jours, plus d'une d'entre les nations qui brillent au premier rang de la civilisation moderne. La publicité des débats, la procédure orale, l'établissement de juridictions au sein desquelles fonctionnait un jury semblable à celui de nos Cours d'assises, l'indépendance la plus grande laissée à l'accusation et à la défense, et, comme corollaire, l'absence de ce que nous appelons aujourd'hui la prison préventive, enfin, des peines d'une modération remarquable, voilà ce qui fut dans une antique société, voilà ce qui manque dans bon nombre de sociétés contemporaines.

Outre l'attrait que présentent d'ordinaire les investigations historiques, on pourrait donc retirer beaucoup de fruit de travaux consciencieusement entrepris sur cette ancienne législation. Non pas, certainement, que les Romains fussent en ces matières exempts d'erreur et à l'abri de tout reproche; mais « leurs fautes mêmes peuvent nous servir, a dit un savant contemporain (1), et il y a de grandes leçons dans les expériences tentées par eux, surtout pendant le cours du VII° siècle. »

D'ailleurs, pour l'interprétation de nos propres lois, n'aurons-nous pas, plus d'une fois, à rechercher des éléments de solution dans les règles tracées par ces intelligences si éminemment pratiques ? L'affirmative n'est pas douteuse, si l'on considère qu'une grande partie des incriminations du Code pénal ont été puisées dans le droit romain, et que c'est encore à ce droit qu'il faut remonter pour expliquer bien des dispositions du Code d'instruction criminelle.

(1) Laboulaye, *Essai sur les Lois criminelles des Romains*, etc, p. 447.

Et puis, en somme, le but de toute investigation scientifique consiste-t-il seulement dans l'acquisition de certaines données jugées nécessaires ou utiles, de quelques notions capables de procurer un avantage immédiat? Qui oserait, pour nous servir des propres expressions d'un auteur de mérite (1), qui oserait prononcer ce blasphème, que les chefs-d'œuvre de l'esprit humain sont inutiles parce qu'ils ne sont pas cotés à la Bourse? L'homme qui travaille dans son cabinet ne poursuit-il pas un objet plus élevé, le développement de son intelligence, et, par là, le développement de son être moral tout entier? A ce point de vue seul, l'étude du droit criminel des Romains serait particulièrement profitable, et il est à regretter qu'on ne s'y adonne pas avec plus d'ardeur.

Pour notre part, devant limiter notre tâche, nous nous bornerons à décrire soigneusement l'organisation des juridictions qui furent successivement chargées de la connaissance et de la répression des crimes, soit à Rome, soit dans les Provinces. Ce sera l'objet des deux livres suivants.

(1) Laurent, *Principes du Droit civil*, t. I, p. 40.

LIVRE PREMIER

Juridictions criminelles à Rome.

Un des traits caractéristiques de la législation criminelle des Romains, c'est le défaut de fixité Ses évolutions successives coïncidèrent avec les fréquentes modifications survenues dans l'ordre politique, et se ressentirent toujours de l'état social au milieu duquel elles se produisaient. Spécialement, pour ce qui regarde les juridictions, on les vit se remplacer, se substituer les unes aux autres ; et si, après les imperfections des premiers âges, leur organisation tutélaire assura au plus haut point la liberté des citoyens durant la belle période de la République, elles devinrent un instrument de domination et de despotisme sous l'Empire, quand toutes les garanties antérieures eurent été dénaturées ou détruites sous les efforts opiniâtres des Césars. Alors toute sécurité disparut, parce qu'il n'était plus permis de trouver un refuge sous l'égide de lois protectrices, parce qu'on se savait exposé sans défense aux coups de l'arbitraire ou de la passion.

Toutefois, dans ces changements divers, on ne

procéda pas en général par soubresauts ; les transitions furent ménagées. Il n'était pas dans la nature des Romains d'abandonner brusquement ce qu'ils avaient une fois accepté. Ainsi, le jugement par commissions était déjà pratiqué depuis longtemps, lorsque la loi de Pison vint établir la première *quœstio* permanente, et ce n'est qu'après un affaiblissement graduel et insensible, que les tribunaux avec jury succombèrent sous l'influence de la juridiction des magistrats impériaux.

Essayons donc, sans plus de retard, de retracer, avec autant de netteté que possible, le tableau de ces intéressantes variations.

CHAPITRE PREMIER

Tribunaux répressifs des premiers temps.

SECTION PREMIÈRE

Des Juridictions.

L'histoire des juridictions criminelles, dans les premiers temps de Rome, est demeurée fort obscure, à cause de la rareté des textes pouvant fournir des éclaircissements à cet égard. La Constitution primitive attribuait l'ensemble des pouvoirs publics à un

seul citoyen, le *Rex*, nommé à vie et irresponsable (1),
qui dut se réserver le jugement des affaires criminelles comme une des branches de l'administration.

Après l'expulsion des Tarquins, les deux Consuls
choisis par l'Assemblée centuriate furent investis de
presque toutes les prérogatives qu'avaient eues les
Rois et retinrent, comme eux, la plénitude de juridiction. Mais bientôt le peuple tendit chaque jour davantage à l'affaiblissement de leur toute puissance, et,
finalement, les lois Valeriæ surgirent qui, rendant
hommage à la souveraineté des citoyens, leur trans-
portèrent l'autorité criminelle en l'enlevant aux
Consuls.

A côté du peuple, le Sénat eut aussi certaines
fonctions judiciaires. Seul chargé de l'administration
extérieure, c'était à lui notamment qu'appartenait la
connaissance des crimes politiques commis dans
l'Italie par les nations alliées, et des accusations
poursuivies contre des étrangers dans l'enceinte
même de la cité. Du reste, les Comices et le Sénat
usèrent plus d'une fois d'une faculté qui leur était
parfaitement reconnue Au lieu de s'occuper directement eux-mêmes de l'affaire, ils désignaient des
commissaires spéciaux, *quæstores*, auxquels ils con-
fiaient l'instruction et le jugement.

(1) F. 2, § 14, Dig., *de Origine juris* : « Quod ad magistratus
attinet, initio civitatis hujus constat, reges omnem potestatem
habuisse. »
F. 2, § 1, Dig., *Eod. tit.* : « Omniaque manu a regibus guber-
nabantur. »

Telle est, rapidement exposée, la succession des
pouvoirs criminels de la première période. Entrons
dans les détails :

§ 1er. — Les Rois.

Que les Rois aient possédé, dès le début, la juridiction criminelle, c'est ce qui paraît ressortir non
seulement des textes du Digeste, qui leur donnent
plein pouvoir en toute chose, mais encore des affirmations précises de bon nombre d'auteurs anciens(1).
Comment exercèrent-ils cette juridiction? Ce fut
tantôt directement, tantôt par voie de délégation.
Tite Live, rapportant la condamnation du traître
Metius Suffetus, nous montre le roi Tullus figurant
seul dans le jugement. D'autre part, il est certain
qu'Horace, meurtrier de sa sœur Camille, le jour
où il rentrait dans Rome fier de son triomphe sur les
Curiaces, ne fut pas jugé par le Roi en personne,
mais par les duumvirs, sorte de délégués momentanément dépositaires de la puissance royale, qui le
condamnèrent à mort (2). Il dut, pour se soustraire
au dernier supplice, faire appel de cette sentence au
peuple.

(1) Denys d'Halicarnasse. *Il assure que le roi gardait pour lui
la connaissance des crimes considérables, en confiant au Sénat
le jugement des méfaits moins importants.*
Tacite, *Ann.*, III, 26.
Cicéron, *de Republica*, V. 2. « Omnia conficiebantur judiciis
regis. »
(2) Tite Live, I. 28. — I, 26.

Quand le Roi statuait en personne, il se faisait
volontiers assister d'un conseil formé d'un groupe
de sénateurs (1). Pontife en même temps que chef
d'Etat, il infligea surtout des expiations religieuses,
à une époque où la constitution était intimement liée
aux idées de culte et de sacrifice. On considérait que
les grands crimes attiraient la malédiction des dieux
sur la tête du coupable, en même temps que sur sa
descendance et sur la nation tout entière. De là, cette
influence du Droit sacré en matière pénale, qui put
se prolonger jusqu'aux fameuses lois des XII Tables.

Mais les Rois, devenus tyrans, ne tardèrent pas
à être violemment arrachés du trône, et, pour rendre à jamais impossible le retour de nouveaux excès,
le peuple mit à la place de ces magistrats viagers et
irresponsables, deux patriciens responsables et investis de fonctions annuelles : les Consuls.

§ 2. — *Les Consuls.* — *Leges Valeriæ.*

On a pu discuter le point de savoir si les Consuls
héritèrent de la puissance judiciaire des Rois, en
même temps qu'ils succédèrent à leurs autres attributions. Pour nous, l'affirmative n'est pas douteuse :
elle repose sur la raison et sur l'histoire (2) non moins
que sur des textes formels. *Exactis deinde regibus,*

---

(1) Tite Live, I, 49. — Willems, *Droit public des Romains.* —
Montesquieu, *Espr. des Lois*, ch. XII, Liv. XI.
(2) Cicéron, *de Legib.*, III, 8.

dit le Digeste (F. 2, § 16, *de Orig. jur.*), *Consules
constituti sunt duo, penes quos summum jus uti esset
lege rogatum est.* Continuant, le jurisconsulte Pom-
ponius nous fait savoir qu'une loi fut bientôt votée,
permettant d'*interjeter appel* contre les sentences
de ces fonctionnaires de création récente. C'est donc
qu'ils avaient le pouvoir de juger. Et si nous ouvrons
Tite Live (1) au passage relatant la conspiration
des fils de Brutus, qui voyons-nous intervenir dans
le jugement des coupables? Lucius Brutus lui-même,
consul. Il étouffe la voix de son cœur pour ne laisser
parler que sa conscience de juge, et prononce l'arrêt
fatal sur la tête de ses propres enfants.

Ainsi, il n'y a point d'exagération à soutenir que
les Consuls obtinrent la juridiction criminelle comme
le reste de l'administration. Ce furent, a dit quelqu'un, des sortes de rois sous un nom plus doux.
Leur titre modeste témoignait qu'ils étaient moins
les souverains de la République que ses conseillers,
la réalité démontrait qu'ils étaient maîtres dans la
Cité.

Le peuple s'impatienta d'une autorité tellement
excessive. Toute naissante, la République sentait un
besoin instinctif de liberté, « et les procédés des
Consuls, dépouillés des formes de la justice, étaient
des actions violentes plutôt que des jugements. (2) »
Pour que les sentences criminelles ne relevassent plus

(1) Tite Live., II, 5.
(2) *Esprit des Lois*, II, 32.

uniquement de l'arbitraire ou du caprice, trois lois
Valeriæ furent successivement portées par des membres de la même famille, faisant défense *de créer des
magistrats qui pussent juger sans appel.* Au fond, il
n'y eut là que le renouvellement à trois reprises
différentes de la même prohibition, renouvellement
rendu nécessaire par la résistance obstinée des patriciens, seuls en possession des magistratures, au
régulier développement des aspirations et des droits
populaires (1). Mais, dès l'an 453, l'observation des
prescriptions légales était rigoureusement assurée :
on ne toléra plus qu'un simple magistrat, si élevé
fût-il en dignité, statuât en dernier ressort. La flétrissure morale, qui attendait celui qui se rendait
coupable d'infraction à une règle désormais inflexible, fut aggravée d'un châtiment sévère qu'édicta
la *loi Porcia* contre quiconque maltraiterait ou ferait
mourir un Romain avant la décision du peuple (2).

Par là, on restreignait considérablement les pouvoirs criminels des premiers fonctionnaires romains ;
bientôt on les supprima totalement, non, sans doute,
d'une façon expresse, mais par une voie détournée.
On souffrit que les accusés portassent directement
leur cause devant le peuple, sans saisir préalable-
ment les Consuls; et ceux-ci, trouvant là le moyen
d'échapper à toute responsabilité à l'endroit des condamnations capitales, s'abstinrent d'intervenir dans

(1) Tite Live, X, 9. — III, 55.
(2) Cicéron, *de Republica*, 11, 3 — 11, 31.

les jugements et se bornèrent au rôle d'accusateurs devant les Comices.

Dès ce moment, la puissance judiciaire reposait sur la tête du peuple. On ne trouva pas étrange qu'elle lui appartint en même temps que la confection des lois, alors qu'on ne connaissait pas encore la tripartite division des pouvoirs adoptée par le monde moderne.

§ 3. — *Assemblées populaires. — Sénat.*

Le peuple exerça à Rome sa souveraineté par trois espèces d'Assemblées : les Comices-curies, les Comices-centuries et les Comices-tribus.

Contemporains des premiers rois, les Comices-curies obéissaient absolument à l'influence patricienne, et l'histoire ne nous les représente comme statuant au criminel que dans un seul cas : le jugement d'Horace (1).

Avec les Comices-centuries, on vit l'aristocratie de race supplantée par l'aristocratie d'argent. La population divisée en classes, la prépondérance dans les Assemblées populaires appartint à la fortune et à l'âge. Mais les moins privilégiés prétendirent voix au chapitre. Impatients du joug qu'ils supportaient, ils tentèrent de violents quoiqu'infructueux efforts contre les usurpations de la nouvelle noblesse, et, à la fin, résolurent d'abandonner leur patrie pour se créer

(1) Tite Live, I, 26.

hors de Rome une autre Cité. C'est alors que les patriciens, effrayés d'une désertion si générale, envoyèrent au peuple, retiré sur le Mont-Sacré, une députation pour l'engager par des promesses à revenir dans la ville. Grâce à l'habileté de Menenius Agrippa, cette démarche réussit : le peuple rentra, mais non sans avoir obtenu, comme garantie la création d'une magistrature capable de le protéger et le respect de ses Assemblées. De là, le Tribunat et les *Comices-tribus*.

Ici, les citoyens les plus pauvres devaient être admis et avoir droit de suffrage; l'égalité complète régnait, et elle persista jusqu'au moment où la division en tribus transformée en une division personnelle, la classe pauvre fut replongée dans son ancien état de dépendance. Cependant l'exercice de la justice criminelle ne devint pas pour cela l'apanage de tous. Cantonnés aux matières politiques, s'occupant surtout des malversations des magistrats, les Comices-tribus ne prononçaient que des peines pécuniaires. Toutes les fois qu'ils voulurent aller au-delà, ils empiétèrent; on les regarda comme ayant violé la Constitution. Ainsi dans les condamnations de Coriolan et d'Appius (1).

Ce furent les Comices par centuries qui retinrent la véritable juridiction criminelle. Telle est l'interprétation que donne Cicéron de la loi des XII Tables défendant, *ne de capite civis rogaretur nisi maximo*

(1) Tito Live, XXVI, 3; XLIII, 18; II, 35.

comitiatu. Ce *maximus comitiatus* n'est autre, assure le grand orateur, que l'Assemblée par centuries, et sa parole, si autorisée en cette matière, ne saurait être révoquée en doute (1).

Pour que cette Assemblée pût condamner, il suffisait que l'acte lui parut coupable, n'eût-il pas antérieurement été prévu ou qualifié par une loi; car, chez les Romains, la justice ne se séparait pas plus des fonctions législatives que de l'administration; le peuple était à la fois juge et législateur (2).

Toutefois les Centuries ne reçurent point une compétence absolue. Elles ne connaissaient que des *causes capitales* et des appels de tous les autres jugements criminels.

Par *causes capitales*, il faut entendre celles qui mettaient en danger le *caput* d'un Romain, c'est-à-dire sa vie, sa liberté ou son titre de citoyen. De telles affaires rentraient dans la catégorie des *judicia* dits *publica* (3), par opposition aux *judicia privata* qui comprenaient, outre les procès civils propre-

(1) Cicéron, *de Legibus*, III, 44. — En ce sens, Sigonius : *de Judiciis*, III, 5.

(2) Geib, *Hist. de la Procéd. crim à Rome* : « Comme en Grèce, c'était à Rome un principe fondamental que les juges, dans les affaires criminelles, n'étaient pas seulement les serviteurs de la loi, et comme tels subordonnés à la loi, mais qu'ils devaient en même temps, dans une certaine mesure, être considérés comme les maîtres de la loi, par conséquent s'élever au-dessus d'elle lorsque les circonstances l'exigeaient, et se constituer en quelque sorte en législateurs pour un cas particulier. » V. O. de Meulenaëre, traducteur de von Ihéring.

(3) F. 2, Dig., *de Public. judic.* — F. 17, §18, *de Ædil. edict.*

2

ments dits, les procès pour *délits privés*. Ceux-ci se poursuivaient devant les juridictions civiles, tandis que les *judicia publica* donnaient lieu à une plainte devant l'Assemblée du peuple. La loi des XII Tables contenait le germe de cette distinction. Elle nous montre les délits donnant naissance, les uns à une peine prononcée dans un intérêt public, les autres à une amende au profit de la partie lésée. Vers la fin de la République, les matières relatives aux juge- ments publics furent réglementées par des lois spé- ciales qui, intervenant à l'occasion des crimes les plus graves et les plus fréquents, déterminèrent la pénalité et les formes à suivre devant chacun des tri- bunaux permanents qu'elles organisaient. Plus tard, nonobstant les changements survenus sous l'Empire dans les juridictions et la procédure, ces lois furent conservées. Il n'y eut que les actions reposant sur elles qui gardèrent le nom de *judicia publica*; et, quand les rescrits impériaux ou la jurisprudence crurent dignes d'une sanction publique des méfaits non pré- vus par ces documents législatifs, on les qualifia de *crimina extraordinaria* et toute confusion fut évitée (1).

Quant aux affaires *non capitales*, ce n'était que par voie d'appel, *per provocationem*, que les Comi- ces-centuries en connaissaient. Les causes concer- nant les étrangers restaient tout à fait en dehors de leur compétence; on les avait réservées au Sénat.

_____

(1) F. 1, 8, Dig., *de Public. judic.* — F. 1, § 3, Dig., *de Pœnis*, et titre *de extraordin. crim.*

Ce corps, en effet, se trouvait investi de certaines fonctions judiciaires. Possédant la suprême administration des provinces, dont la justice n'était qu'une des branches, il jouissait d'un droit de juridiction sans limite vis-à-vis des provinciaux. D'autre part, il recevait parfois délégation du peuple pour la connaissance de crimes (capitaux) qui fussent sans cela demeurés en dehors de ses attributions. Lui-même avait la faculté de transmettre à d'autres ses propres pouvoirs (1), et c'est cette faculté de délégation, exercée tantôt par le Sénat et tantôt par le peuple, qui servit d'origine aux *quæstiones* ou commissions.

Rien n'empêchait, évidemment, lorsqu'une cause était particulièrement délicate ou menaçait de traîner en longueur, de désigner un commissaire qui, après avoir informé avec une pleine indépendance, prononçât la peine au nom des Comices ou du Sénat. Aussi, vit-on ce mode de procéder pénétrer vite dans les mœurs. Le commissaire, simple particulier ou fonctionnaire, tel que Consul, Préteur, s'entourait d'un conseil qu'il présidait et dont il choisissait les membres (2). Dès que l'affaire était vidée, la commission se dessaisissait de toutes ses prérogatives et, à chaque nouveau procès, il fallait renouveler de semblables fonctions temporaires. L'usage des *quæstiones* se multiplia tellement que, pour plus de commodité,

(1) Tite Live, IV, 30 ; X, 1. — Sic Walter, *Hist. du Dr. crim. chez les Romains.*

(2) Tite Live, XXIX, 21.

on en vint à établir, en vue des crimes qui se répétaient le plus souvent, des commissions dites *permanentes*, bien qu'annuelles, en ce sens qu'elles n'eurent pas besoin d'être nommées pour chaque affaire spéciale. Plus tard, lorsque survint la loi du tribun Calpurnius Piso, il ne s'agissait plus que de régulariser et de confirmer ce qui était admis déjà depuis longtemps.

Ainsi s'affaiblissaient en se transformant ces deux grandes juridictions : le Sénat et le peuple. Une révolution s'opérait peu à peu dans la forme des jugements criminels. « C'est qu'à Rome, dit M. Laboulaye (1), il ne faut pas s'attendre à rencontrer l'abrogation directe d'une institution et son remplacement immédiat par une institution nouvelle. L'institution nouvelle commençait à l'ombre de l'ancienne, puis elle se greffait en quelque sorte sur celle qu'elle venait supplanter : l'exception devenait la règle et la règle devenait l'exception, jusqu'à ce qu'elle disparut enfin complètement effacée sous la rouille du temps. C'est de cette façon que les Comices-centuries se substituèrent insensiblement aux Consuls, dont la juridiction, frappée d'appel, finit par s'éteindre entièrement ; les *quæstiones* ou commissions prirent la place des Comices, puis, de singulières pour chaque affaire, elles devinrent permanentes et firent le fond de l'organisation judiciaire, jusqu'à ce que la politique des Empereurs leur eût substitué peu à peu la

(1) Laboulaye, *Essai sur les Lois crimin. des Romains*, p. 111.

juridiction du Sénat, qui, elle-même, disparut devant
la toute-puissance des grands officiers de l'Empire. »

L'énumération des éléments divers qui concouru-
rent à la répression des crimes, durant cette période,
sera complète, si nous mentionnons les *duumvirs*,
chargés de poursuivre les coupables de haute trahi-
son, et les *questeurs*, créés pour la recherche du
crime de meurtre (1). Quant aux Consuls et aux
Préteurs, magistrats revêtus de l'imperium, ils restè-
rent maîtres d'infliger des peines corporelles modé-
rées, même après que la puissance criminelle eût été
placée entre les mains du peuple (2).

SECTION II

De la Procédure.

§ 1. — *Ses caractères généraux.*

« En justice, dit Pierre Ayrault, la formalité y
» est si nécessaire qu'on ne saurait s'y desvoyer
» tant soit peu, y laisser et omettre la moindre forme
» et solennité requise, que tout l'acte ne vint incon-
» tinent à perdre le nom et surnom de justice, pren-
» dre et emprunter celui de force, de machination,
» voire même de cruauté ou tyrannie toute pure. La

(1) F. 2, § 10, *in Fine*, et 23, Dig., *de Origine juris*.
(2) Walter, *Hist. du Dr. crim. des Romains*.

» raison est parce que justice n'est quasi-propre-
» ment autre chose que formalité et cérémonie (1). »

Sans doute, les formes sont indispensables devant
les autorités judiciaires, mais il est du devoir d'un
pays libre de ne les point exagérer.

Les Romains nous offrent, à cet égard, un exemple
digne de toute admiration. On reste véritablement
frappé de la distance qui sépare leurs institutions si
protectrices de la liberté de celles qui, longtemps,
furent suivies chez nous. Un siècle s'est à peine
écoulé, que nous subissions encore le dur régime
inquisitorial consacré par l'ordonnance d'août 1670.
L'absence de débats oraux, la procédure écrite, les
preuves légales, le secret, la torture, d'horribles supplices en étaient les principaux caractères. On déniait
à l'accusé le droit d'avoir un défenseur ou un conseil ;
on lui refusait toute communication des pièces de la
procédure. Quel contraste avec les généreux procédés employés, il y a plus de deux mille ans, vis-à-vis
de ses membres, par une nation dont il ne reste que
l'impérissable souvenir ! Là, on ne connaissait pour
les simples prévenus ni les fers, ni les gênes d'aucune
sorte. La détention préventive, cette mesure de pré-
voyance, trop souvent, hélas ! transformée chez nous
en une véritable peine par sa durée et ses rigueurs,
y était ignorée ; il suffisait de fournir caution de
comparaître au jour du jugement. Tout au plus, en

(1) *L'Ordre, Formalité et Instruction judiciaire*, etc.,par Pierre
Ayrault, lieutenant criminel au siége présidial d'Angers, p. 8, n° 2.

cas de nécessité absolue, consentait-on à confier l'accusé à la garde d'une personne de haute condition, un sénateur ou un magistrat, chez qui il restait libre de communiquer sans entraves avec ses parents, son avocat ou ses amis. Les Romains n'auraient pas voulu en user différemment, parce qu'ils eussent craint de gêner les droits de la défense dont ils se montraient éminemment respectueux. Toute leur ambition était de maintenir les deux parties sur un même pied d'égalité.

Au reste, il ne faudrait pas croire qu'il existât à Rome un ministère public constitué comme celui que nous voyons fonctionner de nos jours. Une pareille institution manquait; en sorte qu'on dût confier à l'intérêt privé le soin de rechercher et de poursuivre les faits attentatoires aux biens, aux personnes, à l'ordre social. Tout citoyen fut admis à divulguer ces crimes, et, s'il n'appartenait pas à un particulier de saisir les Comices, du moins il en pouvait provoquer la réunion en s'adressant à un magistrat (Consul, Tribun ou Préteur), qui les convoquait et se chargeait de l'accusation. Ces fonctionnaires possédaient bien eux-mêmes le droit d'agir d'office en vue de la répression, mais il leur était permis de s'abstenir, et, en raison d'une inaction possible, il importait d'encourager le zèle et l'initiative propre de chaque citoyen.

De plus, afin que la droiture et l'impartialité du juge ne fussent point soupçonnées, que l'estime et l'approbation générales vinssent communiquer aux jugements plus de force et d'autorité, les Romains

voulaient que les moindres difficultés de la cause
fussent oralement discutées en public, et qu'on lais-
sât aux contendants l'indépendance la plus grande
dans la défense comme dans l'attaque. Et quand il
s'agissait de rendre la sentence, d'émettre un cons-
ciencieux verdict, ce n'était pas à l'aide de tels ou
tels indices dont la loi tarifait rigoureusement la valeur que le juge formait sa conviction. il la puisait
dans les divers éléments du procès. Les peines, d'ailleurs, étaient d'une extrême modération, et les condamnations à mort fort rares. Il suffisait de fuir pour
échapper au dernier supplice. Le peuple, ratifiant
cet exil volontaire, quand même il se produisit avant
le jugement, interdisait l'eau et le feu à celui qui
avait mieux aimé déserter sa patrie que de s'en remettre à sa justice. De cette façon ne se trouvait pas
violée la règle d'après laquelle un citoyen ne pouvait
être dépouillé de son titre auguste autrement que par
la mort ; c'était lui qui s'était retranché de la Cité.

La physionomie générale de la procédure romaine
exposée, entrons de suite dans les détails de son
fonctionnement.

§ 2. — *Principales formes suivies.*

Les premières formes de procédure n'apparurent
guère qu'avec l'attribution aux *Comices* de la puissance judiciaire des Consuls et c'est surtout devant
cette Assemblée qu'il est intéressant de les voir se
dérouler. Le Sénat, en effet, suivait la marche usi-

tée pour ses délibérations ordinaires, tenues secrètes excepté pour quelques privilégiés (1), et les
commissions spéciales, qui ne se développèrent qu'un
peu plus tard, transmirent leurs propres règles aux
questiones perpetuæ dont nous traiterons incessam-
ment.

Attachons-nous donc, pour le moment, aux formes
reçues devant les Comices.

Le citoyen qui désirait engager un procès criminel, après avoir publiquement dénoncé l'accusation
et donné jour pour comparaître à l'adversaire (*diei
dictio*), obtenait d'un magistrat compétent la convo-
cation des Centuries devant lesquelles il venait exposer sa plainte. Alors, par trois jours de marché con-
sécutifs (*per trinundinum*), le peuple entendait
formuler la question sur la uelle il devait être appelé
à voter (2). On voulait qu'il eut le temps de former
sa conviction par avance.

Le jour du jugement arrivé, l'accusé fournissait
la caution d'usage, destinée à lui assurer la liberté
pendant le procès. Quelquefois il se bannissait spon-
tanément.

Quand il ne quittait pas la ville, et que, pourtant,
il refusait de comparaître sur la citation qu'il avait
reçue, on statuait à son égard comme s'il se fut
présenté. Une sentence définitive, sur laquelle il
n'était plus possible de revenir, était portée contre

---

(1) Valère Maxime II, 2 ; IV, 1, 7.
(2) Tite Live, XLII, 3. — Sigonius, *de Judiciis*, III, 9, 10. 11.

lui, les principes de la contumace ne s'étant pas introduits avant l'Empire. Pourtant, des excuses considérées comme légitimes et dont l'accusateur était juge pouvaient être proposées; par exemple, une maladie, un malheur domestique de nature à frapper de prostration les facultés mentales, l'éloignement pour le service de la République, l'exercice d'une magistrature (1).

Que si l'accusé consentait à venir devant l'Assemblée du peuple au jour indiqué, l'instance s'ouvrait sans plus de retard.

L'accusateur se levait le premier, et, avec toute l'impétuosité dont il était capable, tâchait de confondre sous le poids d'accablantes imputations l'homme qu'il avait amené devant le tribunal populaire. Il entrait dans un récit très circonstancié des faits et dépeignait sous les plus noires couleurs le prétendu coupable, afin de soulever contre lui la réprobation universelle et d'emporter la condamnation

L'accusé parlait ensuite. Dans le principe, il portait lui-même la parole; plus tard, il se servit d'intermédiaires, les avocats (*oratores considici*), qui, recherchant dans les ressources de leur éloquence une popularité capable de les conduire aux honneurs, exerçaient gratuitement ces fonctions. Autant l'accusation s'était montrée ardente et passionnée, autant la défense déployait d'énergie et de zèle pour re-

(1) Lex Duodec., tabul., 1, 2. — Tite Live, XXXVIII. 52. — F. 140, Dig., *de Reg. jur.*

pousser toutes les récriminations, toutes les invecti-
ves dirigées contre elle. Obligé, dans une société
comme celle d'alors, moins à convaincre la raison du
juge qu'à émouvoir l'âme du citoyen, le défenseur
s'efforçait d'attendrir, d'apitoyer sur le sort de celui
qu'il voulait arracher à une avilissante peine. Il
représentait sa famille au désespoir, ses enfants man-
quant de pain, rappelait les services passés, les
blessures reçues, étalait parfois une plaie béante, et
souvent parvenait, malgré les lourdes charges qui
pesaient sur son client, à le faire renvoyer absous.
Quelquefois, avant la sentence, l'accusateur se désis-
tait, ou bien le tribun interposait son veto, et nulle
autre suite n'était donnée à l'affaire.

Après les plaidoiries, à la différence de ce qui se
passe chez nous où l'examen des preuves précède les
discours des orateurs, on s'occupait des aveux, des
présomptions capables d'influer sur l'issue du procès,
on interrogeait les témoins. Leur nombre, la concor-
dance des dépositions ne liaient point le juge qui
demeurait absolument maître de son appréciation,
sans avoir à subir aucun système de preuves légales (1). D'autre part, point de tourments employés
pour obtenir des révélations ou des déclarations plus
précises. On respectait trop le citoyen pour le mo-
lester; aux provinciaux et aux esclaves la torture, à
lui l'inviolabilité. Et c'est ici le lieu d'adresser à
l'organisation romaine un reproche mérité, savoir,

(1) Valère Maxime, VI, 1, 7.

qu'elle méconnut les lois de l'humanité en accumulant des garanties sans nombre autour de la personne sacrée du *civis romanus*, dont elle exaltait l'orgueil à l'excès, tandis qu'elle réservait les vexations, les chaînes, les supplices à tout le reste du genre humain.

Les témoignages recueillis, les preuves faites, il fallait que le peuple opinât. Avant, on consultait les auspices. Etaient-ils défavorables, l'Assemblée se séparait sans avoir prononcé sur l'accusation, qui était reprise à une prochaine séance. Etaient-ils favorables, on recueillait les suffrages, exprimés à haute voix, et la décision se rendait à la simple majorité. Le partage emportait acquittement. Si, par cas, il arrivait qu'on ne pût terminer avant le coucher du soleil, on renvoyait l'affaire à un autre jour, auquel il y avait nécessité de reprendre les plaidoiries et le vote. C'était toujours le président de l'Assemblée qui proclamait le jugement, dont on ne souffrait pas d'appel, parce qu'il émanait de la nation souveraine. C'est pourquoi, aussi, rien n'était capable d'en enrayer les effets, si ce n'est l'autorité des tribuns, et on sait qu'ils usèrent de ce pouvoir en faveur de Scipion l'Africain, accusé de concussion (1). Hors de là, une loi de réhabilitation votée par le peuple dans ses Comices était indispensable poour écarter l'arrêt primitif (2).

(1) Tite Live, XXXVIII, 60.
(2) Tite Live, V, 46.

CHAPITRE II

Des commissions permanentes.

Dès le vɪᵉ siècle avait commencé un mouvement remarquable, précédemment signalé par nous (p. 19), qui ne tendait à rien moins qu'à substituer le jugement par commissions à la juridiction du Sénat et du peuple. Cette révolution s'accomplissait sous l'influence irrésistible, à Rome, des mœurs et de la jurisprudence. Appuyée sur des précédents, forte d'usages unanimement acceptés, elle ne tarda pas à jeter dans le courant de l'opinion des règles nouvelles, qui inaugurèrent pour la procédure criminelle une ère de progrès et de grandeur. C'est la phase des *quæstiones perpetuæ*.

Vu la fréquence et l'énormité de certains crimes qui alarmaient l'Etat chaque jour davantage, on songea à substituer aux *quæstores*, qu'on avait coutume de nommer pour une affaire spéciale, des commissions dont le personnel se renouvelait toutes les années. On les appela *commissions permanentes*, en ce sens qu'on n'eût pas besoin de confirmer leurs pouvoirs ou de les remplacer par d'autres à chaque nouveau procès. Chacune était instituée pour un crime déterminé; aucune d'elles ne devait empiéter

sur l'autre ; et, lorsqu'il se rencontrait à la charge
d'un accusé un méfait susceptible d'une double in-
crimination, il fallait deux poursuites et deux jugements.

Toute *quæstio* était régie par une loi distincte, la
même qui l'avait créée. Précisant la compétence du
tribunal, cette loi en réglait la composition et le
fonctionnement. Elle prescrivait la procédure à suivre et les pénalités à appliquer.

La première de ce genre, la loi sur les deniers
publics (*de pecuniis repetundis*), parut en l'an 604
de l'ère romaine, présentée par le tribun Calpurnius
Piso. On traversait une période agitée; les esprits
surexcités étaient remplis d'aigreur contre les fonctionnaires publics dont les malversations sans nombre, les monstrueuses rapines s'étalaient au grand
jour et restaient impunies. Des magistrats prévari-
cateurs pillaient les provinces; la concussion s'était
répandue partout comme une lèpre, contre laquelle
les provinciaux n'avaient aucun moyen de se couvrir.
Ces infortunés gémissaient, osant à peine élever la
voix, ne sachant à quelle autorité s'adresser qui prît
en pitié leur misère. Ils finirent par être entendus.
La *lex Calpurnia* fut le prélude d'une série de dispositions, qui eurent toutes pour but de mettre un
terme à tant d'odieuses exactions. Plus sévères encore que la loi de Pison, dont la sanction se réduisait
à la restitution des deniers irrégulièrement touchés,
les actes législatifs qui suivirent portèrent des peines fort graves, allant jusqu'au bannissement et à la

perte de la fortune. Telles furent les lois de Sylla, de Pompée et de César.

Avant Sylla, seules les infractions des magistrats donnaient lieu à l'organisation de commissions permanentes. Un des points les plus considérables des réformes du dictateur fut l'attribution aux juridictions nouvelles des *délits communs,* c'est-à-dire de ceux qui se pouvaient relever contre tout citoyen. Il produisit à cet effet trois dispositions, concernant les crimes de meurtre, de faux et de péculat, et fut suivi sur ce terrain par Q. Lutatius Catulus, consul, qui reprit la loi Plautia sur la violence, pour l'étendre à quiconque, administrateur ou non, se rendrait coupable de voies de fait (an 78 av. J.-C.).

Avec Pompée, dont le rôle consista principalement à faire revivre ce qu'avait anéanti l'arbitraire dictatorial, on redoubla de zèle, et on eut surtout à sévir contre le fait de brigue effrontément pratiqué. Jules César vint ensuite classer parmi les délits communs le crime de concussion, et les prohibitions continuèrent à se multiplier sans que toutes ces mesures énergiques parvinssent à guérir l'Etat du mal qui le consumait. Cela se conçoit. Ce mal était le résultat de la lutte violente et passionnée que soutenaient d'une façon incessante, les uns contre les autres, des partis tour à tour vainqueurs et vaincus. Ces mêmes dissensions nous donnent la clef des changements si répétés qui se produisirent dans la composition des listes du jury.

De l'exposé ci-dessus il ressort que les Romains

n'établirent pas, comme nous, des règles générales devant dominer la procédure entière, sauf à les mo difier, le cas échéant, pour en faire l'application à tel crime déterminé. Chaque crime avait son tribu· nal, et, comme on l'a fort bien dit, son code particu· lier. Ce code était la loi qui avait organisé la *quæstio* et qui dictait la procédure. Au reste, il ne faudrait pas s'imaginer que les *quæstiones perpetuæ* suppri· massent la puissance judiciaire des Comices ou du Sénat (c'était d'eux, au contraire, qu'elles tenaient tous leurs pouvoirs), ni que leur nombre fut infini, à cause de la multiplicité des crimes ; car, outre qu'il se rencontrait des méfaits non-spécialement prévus et ressortissant alors des Comices, il arrivait souvent qu'on rangeait dans la compétence d'une même com· mission, non-seulement des crimes d'égale nature, mais encore des infractions de caractère différent, pouvant cependant comporter une procédure identi· que ou une semblable pénalité. Par exemple, la loi Cornalia, de siccariis et venificiis, établit une com· mission qui connaissait aussi du faux témoignage et de la vénalité de juges. De même, une loi de Jules César punissait à la fois le péculat et le sacrilége (1).

Cela dit, nous n'avons qu'à pénétrer plus avant dans les règles qui régissaient la nouvelle organisa· tion judiciaire.

_____

(1) Paul Sent., V. 23. — F. 4, Dig., XLVIII. 13.

SECTION PREMIÈRE

Composition des « questiones perpetuæ »

Deux éléments essentiels se rencontraient dans toute *perpetua quæstio* : 1° un président ; 2° des jurés.

§ 1. — *Du Président.*

Chef de la commission, directeur des débats, le président était pris parmi les préteurs en exercice (1). Ce magistrat, revêtu de l'*imperium*, vérifiait le bien fondé de l'accusation et la compétence du tribunal, décidait s'il y avait lieu à refuser ou à accorder l'action, et, dans ce dernier cas, retenait l'affaire pour prononcer le jugement, une fois la cause entendue.

Les *questionæ perpetuæ* devenant de jour en jour plus abondantes, les magistrats manquèrent pour les diriger. Il fallut créer de nouvelles charges, et, bientôt, on vit s'élever jusqu'à seize le nombre des Préteurs. Malgré cette notable amélioration, la tâche était encore trop lourde. Ces fonctionnaires durent se décharger d'une partie de leurs attributions entre les mains de citoyens assermentés (*judices quæstionum*) qui, acquérant ainsi un certain caractère public, siégèrent à la place des magistrats que leurs

(1) *Lex Servilia*. C. VII. *Collectio leg. mosaic. et rom.* 1, 3.

3

trop multiples occupations empêchaient de pourvoir
à tout. La pratique constante de la vie publique, la
part directe qu'il prenait au gouvernement de son
pays, le souci quotidien des affaires de la Cité, con-
tribuaient à orner l'esprit du Romain de notions juridiques assez étendues pour lui permettre de figurer
à la tête d'une commission, quand même il ne fît pas
de la justice sa profession habituelle.

C'était par voie de tirage au sort que les *quæstiones*
étaient réparties chaque année entre les divers présidents (1). Ceux-ci jouissaient d'une influence considérable, à cause surtout de la faculté qui leur appartenait probablement de poser les questions au jury (2).
Mais le droit de choisir les jurés leur était aussi
étranger que celui de les récuser. Un pareil pouvoir
était réservé aux parties. Toutefois, il y eût des Préteurs qui, séduits par l'appât du gain, ne reculèrent
pas devant l'emploi de la fraude pour présenter dans
l'instance des jurés que n'avait pas désignés l'élec-
tion, pour corrompre les suffrages et falsifier le
scrutin; si bien, qu'on dut édicter une disposition
expresse afin de réprimer des actes aussi scanda-
leux (3).

§ 2. — *Des Jurés.*

A côté du président se trouvaient les *jurés*. Sim-

(1) Cicéron, *in Verr.*, *act. prim.*, C., 8.
(2) Suétone, *in Jul. Cæs.*, 12.
(3) F. 1, pr., Dig., *Ad leg. Cornel de siccar.*

ples citoyens, mais citoyens privilégiés, la loi leur confiait le soin de trancher les procès criminels.

Ce fut longtemps pour les sénateurs une prérogative absolue que le droit de composer à eux seuls les tables de l'*album judicum*. La loi judiciaire de Caïus Gracchus les dépouilla de ce monopole pour le conférer à la classe des Chevaliers (an 123 'av. J.-C.). Cette classe comprenait alors, outre les rejetons des vieilles souches patriciennes que Servius Tullius avait distribuées en dix-huit centuries, des recrues récentes formées de riches plébéiens pouvant payer le cens équestre, les mêmes qui, sous le nom de *Publicani*, s'unissant en corporations puissantes, tenaient presque à leur merci les provinces par la ferme de l'impôt. Voilà les hommes dont Caïus Gracchus avait voulu se ménager le concours pour ruiner la puissance du Sénat qui lui faisait ombrage. Mais les publicains, avides d'argent, ne cherchèrent qu'à exploiter la situation qu'ils avaient acquise. Ils spéculèrent sur les jugements criminels, et, par leur rapacité, méritèrent pleinement ces paroles sévères de Montesquieu : « Les chevaliers étaient les traitants de la République ; ils étaient avides, ils semaient les malheurs dans les malheurs et faisaient naître les besoins publics des besoins publics. Bien loin de donner à de telles gens la puissance de juger, il eût fallu qu'ils eussent été sans cesse sous les yeux du juge.... (1) »

(1) *Esprit des Lois*, chap. xviii., liv. XI.

Aussi, lorsqu'arriva Sylla, leur ennemi déclaré, il fallut compter avec lui, il restitua aux sénateurs ce qui leur avait été enlevé, réunit dans leurs mains l'administration et la juridiction, et en fit les véritables maîtres de la République. En eux sembla personnifié l'Etat. Pour le service des commissions, ils furent divisés en dix décuries, de trente à quarante membres chacune, qui siégèrent alternativement dans les procès criminels. Mais les modifications apportées par le dictateur ne durèrent que jusqu'en 70 avant Jésus-Christ ou 684 de Rome, date à laquelle L. Aurélius Cotta proposa une loi de conciliation, partageant en trois ordres de citoyens le privilége d'être inscrit sur l'*album judicum*. Ces trois ordres étaient : les sénateurs, les chevaliers et de nouveaux venus, les tribuns de l'œrarium, plébéiens que le cens avait distingués du milieu de la foule, comme il en avait déjà fait sortir autrefois les chevaliers (1). Cette organisation, toutefois, fut loin d'être définitive. Dans des vues aristocratiques sans doute, Pompée fit décider que les plus imposés de chaque ordre seraient seuls portés sur les listes du jury. Jules César en retrancha la classe des tribuns de l'œrarium, mais Antoine, en 44 avant Jésus-Christ, sut reconstituer une troisième catégorie de jurés pris parmi le peuple, sans considération de cens. A son tour, cette disposition tomba (43 av. J.-C., an 74 de Rome). Auguste arrivait : les longues querelles intestines, dont Rome

(1) Cicéron, *pro Rabirio*, IX, 27.

avait été le théâtre, allaient définitivement cesser devant l'omnipotence d'un souverain. « On avait de toute part et avec jalousie, tendu à empêcher un ordre d'exercer une prééminance sur les autres, et on finit par les soumettre également à la volonté absolue d'un seul (1). »

Ce qui précède nous montre la formation de l'*album judicum* variant avec les différentes *leges judiciariæ*. En sus de l'obligation d'être compris dans une catégorie d'éligibles (les listes se refaisaient toutes les années), on exigeait de celui qui aspirait à la qualité de juré, qu'il comptât trente ans d'âge et moins de soixante, qu'il n'exerçât aucune fonction publique incompatible avec ce mandat, que la flétrissure d'une condamnation infamante ne l'eût jamais atteint. Tant que le Sénat conserva l'avantage exclusif de siéger dans les commissions, le nombre des jurés ne dut pas dépasser celui des sénateurs, c'est-à-dire le chiffre de 300. On sait comment il s'accrut dans la suite.

Chaque *quæstio* comprenait nécessairement un jury spécial dont les membres, plus ou moins nombreux suivant les commissions, durent d'abord être désignés par le magistrat-président, et par lui seul. Depuis Sylla, il incomba au Préteur urbain de dresser une liste générale, à l'aide de laquelle le directeur de la commission composait son jury, en tenant compte des

---

(1) Humbert : *Des Travaux les plus récents sur l'Histoire du droit Criminel romain et notamment du livre de Zumpt.* (Recueil de l'Académie de législation de Toulouse, t. XXII.)

présentations et récusations des parties. On exposait
au Forum le nom de ceux qui avaient été choisis (*judices selecti*), et ceux-ci ne pouvaient dès lors, sans
excuse légitime, se dispenser d'accomplir une mission qui constituait une véritable charge publique (1).

On voit, comme le remarque M. Laboulaye, « que
le jury n'est pas sorti du fond des bois, ainsi que l'a
pensé Montesquieu; ce n'est point une institution particulière au génie germanique et qui ne se
présente que chez les peuples issus de cette race. Le
jury s'est trouvé chez les Romains, et, plus ancien-
nement, chez les Grecs, avec des formes et une organisation analogues aux formes et à l'organisation du
jury français ou du jury anglais ; et ces formes se
reproduiront toutes les fois qu'un peuple, maître de
ses institutions et de son gouvernement, sentira que
la liberté politique n'est possible qu'autant que des
citoyens, sans fonctions publiques et par conséquent
indépendants, sont seuls appelés à prononcer sur
l'honneur et la vie de leurs concitoyens (2). »

SECTION II

De la Procédure.

Nous allons retrouver ici les grands principes que
nous avons vus scrupuleusement observés devant les

(1) F. 18, § 14, Dig , *de Muncrib.* · *Fragm. Vatican*, § 197.
(2) Laboulaye, *Essai sur les Lois criminelles des Romains*, p. 337.

Comices, et qui ne le furent pas moins devant les
commissions spéciales désignées par le Sénat ou par
le peuple. La publicité, la défense orale, les larges
libertés concédées aux parties vivront encore à l'époque où nous sommes parvenus, accrues, s'il se peut,
de tout le perfectionnement des institutions romaines
dans cette belle période du viiᵉ siècle. La participation des citoyens aux jugements subsistera toujours
comme gage de la sincérité des sentences rendues.

En rappelant ces précieuses garanties, nous n'au-
rons guère à insister que sur les modifications qui y
furent apportées ou les innovations qui se produisirent. Un point surtout retiendra notre attention :
c'est l'importance du *rôle d'accusateur*, arrivé alors
à son entier développement et illustré par le mer-
veilleux talent d'hommes, tels que Caton, Cicéron et
Hortensius.

§ 1. — *De la procédure antérieure au jugement,*
principalement de l'accusation.

Quoique exercé d'abord devant l'Assemblée du
peuple par les quœstores parricidii, puis par les édiles et les tribuns qui se partagèrent ce pouvoir (1),
le droit d'accusation devint de bonne heure le commun privilége de tous, et se maintint avec ce caractère, tant devant les commissions spéciales que devant les *quœstiones perpetuœ*. Ici, toutefois, les fonc-

(1) Walter : *Hist. du Dr. crim., chez les Rom.*, p. 85, § 847.

tions de l'accusateur s'étendirent au point qu'il tint
la première place, occupée dans les commissions
spéciales par le *quæstor*, et qu'il réduisit ce dernier
à n'être que l'organe des volontés du jury.

Il appartint donc au premier venu de prendre en
main l'action publique et de la diriger de manière
à obtenir promptement la punition du coupable.
Exception cependant était faite pour les femmes, les
pupilles, les individus notés d'infamie, les provinciaux (qui, privés des avantages *du droit de cité*, ne
pouvaient faire valoir leurs plaintes que par la voix
d'un citoyen), et quelques autres catégories de personnes auxquelles on refusait une pareille aptitude,
à moins que les méfaits accomplis ne les touchassent
personnellement (1).

Le premier acte de l'accusateur était de s'adresser au Magistrat, afin qu'il lui permit de citer son
adversaire devant la *quæstio* qu'il présidait (*postulatio*). En même temps il prêtait le serment *de calumniâ*, affirmant que la malice et la mauvaise foi n'en-
traient pour rien dans sa dénonciation. Si le prêteur décidait de donner suite à l'affaire, il obligeait
l'accusateur à jurer qu'il resterait dans l'instance jusqu'au jugement.

Souvent plusieurs individus se présentaient à la
fois pour divulguer le même crime. Ce concours donnait ouverture à une procédure dite *divinatio*, dont
le résultat était la désignation de celui qui devait

(1) F. 1, 3, 4, 8 à 13 Dig., *de Accusat. et Inscript.*

avoir la conduite du procès. Les autres ne s'éloi-
gnaient pas de l'instance ; ils entouraient leur com-
pétiteur plus heureux, l'assistaient dans l'attaque,
comblaient les lacunes de son argumentation, l'ai-
daient, en un mot, de tous leurs moyens ; comme aussi,
ils le surveillaient, pour empêcher qu'il ne colludât
avec l'adversaire.

Tous ensemble, partie principale et assesseurs
(*subscriptores*), dressaient le libelle d'accusation, où
ils relataient avec le nom du coupable les faits qu'ils
lui imputaient (*nominis delatio*) (1). Cette pièce, une
fois rédigée, ne souffrait point d'altération. Défense
expresse, au cours des débats, de changer l'incri-
mination, et, si le délit constaté différait de celui porté
sur le libelle, il fallait nécessairement absoudre.

Averti par une citation ou par le bruit public des
démarches dont il était l'objet, l'accusé se présentait au
Magistrat qui lui donnait connaissance des griefs ar-
ticulés contre lui, et fixait un jour pour comparaître.
Ce terme, assez éloigné, permettait aux parties de se
bien préparer à la lutte et pouvait encore être reculé
davantage, quand des difficultés sérieuses, de labo-
rieux calculs réclamaient un plus long délai ; si court
qu'il fût, d'ailleurs, chacun l'utilisait de son mieux.
L'accusateur, véritable maître de la cause, partait,
muni d'une commission du Préteur, en quête d'informations et de renseignements. Il interrogeait des té-

(1) Un texte de Paul (F. 1, 3, Dig., de *Accusat.*), donne la formule du libelle d'accusation.

moins, constatait par écrit les faits matériels, péné-
trait dans la maison du prétendu coupable, et sai-
sissait les pièces, les objets de nature à le compromettre; il se livrait, en somme, à toute espèce de
perquisitions propres à l'éclairer sur l'affaire. De son
côté, l'accusé avait le droit de s'attacher aux pas de
son adversaire, d'observer ses moindres mouvements,
de contrôler tous ses actes. Pour se prémunir contre
l'attaque, il jouissait des mêmes prérogatives dont
avait profité l'agresseur pour réunir les éléments du
procès. Nuls liens, nulle détention préventive; pas
même la nécessité de fournir la caution exigée jusqu'alors. On évitait d'élever devant lui des obstacles,
de gêner son activité. Et s'il redoutait un échec, s'il
craignait un condamnation, il restait toujours libre,
comme par le passé, de prévenir ce qui aurait pu
être jugée contre lui, en s'expatriant lui-même.

L'instruction terminée, voyons comment s'ouvrait
l'instanc .

§ 2. — Du Jugement.

Le jour venu pour soutenir l'accusation, le héraut
du Préteur convoquait juges et parties. Les premiers
ne pouvaient manquer de se rendre sans encourir
une pénalité, comme les jurés de notre époque. Que
si c'était l'accusateur qui ne comparut pas, sa plainte
tombait, mais elle pouvait être reprise par tout autre
citoyen consentant à recommencer les procédures.
Quant à l'accusé, son défaut n'empêchait pas qu'on

ne lui fit exacte application du châtiment prescrit
par la loi, nulle disposition spéciale concernant le
centumax n'ayant encore été émise.

Tout le monde étant assemblé, on procédait à la
formation définitive du jury qui devait siéger dans
le procès. A cet effet, l'accusateur proposait un certain nombre de noms, l'accusé en présentait autant,
puis chacun rayait sur la liste opposée la moitié de
ceux qui s'y trouvaient inscrits, en sorte que finalement le *consilium* se composait mi-partie de juges
nommés par l'accusation et mi-partie de juges désignés par la défense. Ce système s'appelait *editio*. On
en usait peu et seulement devant certaines commissions. Aussi tomba-t-il bientôt en désuétude. Un autre
procédé (*sortitio*) lui était préféré. Le magistrat-président mettait dans une urne les noms de tous les
jurés attachés à la *quæstio* pour l'année; ensuite, il
les retirait un à un et s'arrêtait quand il avait atteint
le nombre de juges qui devaient figurer dans l'affaire
actuelle. Une liste était immédiatement dressée : les
contendants y exerçaient tour à tour leurs récusations en public et sans donner de motifs. On tenait
à écarter tout soupçon d'impartialité, toute menace
d'oppression, on voulait que la cause ne fut décidée
que par des citoyens dégagés de toute influence
hostile à l'une ou à l'autre des parties, et, pour cela,
librement acceptés par elles. Quelque juge leur
était-il uni par des liens de parenté, son devoir lui
commandait de se récuser de plein gré, sinon le
Préteur l'y obligeait. Un second tirage (*subsortitio*)

servait à combler les vides. Les citoyens choisis
prêtaient serment (*judices jurati*) et ne se dispen-
saient de remplir jusqu'au bout leur mission qu'en
offrant de valables excuses. Ces excuses, perpétuelles
ou temporaires, se proposaient *in limine litis*. Alors
l'instance s'engageait.

Assis sur une estrade élevée qui occupait le milieu
du Forum, dominant le groupe des jurés rangés en
cercle autour de lui, faisant face aux bancs de la
défense et de l'accusation, assisté du greffier, envi-
ronné de ses licteurs, le Préteur donnait le signal et
l'huissier annonçait l'ouverture des débats.

Aussitôt l'accusateur retraçait en un récit émou-
vant toutes les circonstances du fait incriminé, rela-
tait les recherches auxquelles il s'était livré, les
découvertes qu'il avait faites, et donnait l'indication
des preuves qu'il se proposait de fournir. Puis, agis-
sant tant en son nom personnel que comme représentant des lois violées, de la morale sociale outragée,
il s'animait contre son adversaire, flétrissait sa conduite, mettait à nu ses vilenies et sa perversité, et,
après s'être abandonné à tout l'emportement de sa
passion pour le convaincre de crime, il réclamait un
châtiment exemplaire, une expiation en rapport avec
le méfait accompli.

L'accusé répondait. Il essayait, à force d'habileté,
de réduire à néant les récriminations qui l'avaient
assailli. Reprenant un à un les arguments de la partie
adverse, il tâchait de les réfuter. Souvent aussi, ne
parvenant pas à convaincre, il cherchait à attendrir,

il suppliait. A ses côtés, des parents, des amis éplorés gardaient une attitude morne qui ne contribuait pas moins que les prières à toucher l'âme des juges et à fléchir leur sévérité.

Tout à coup, le fameux *dixerunt* sort de la bouche du héraut. Trêve aux discours des orateurs. La loi a limité le temps des plaidoiries, et ce temps vient de s'écouler. Il n'y a plus qu'à recourir aux *altercationes*. . Mutuellement on s'interpelle, on cherche à se surprendre par des interrogations brèves et inattendues; on tend des piéges à l'adversaire pour lui extorquer quelque aveu ou l'exposer à des contradictions (1). Ensuite on passe aux preuves.

Les papiers trouvés chez l'accusé, les registres domestiques sont publiquement produits et constituent pour le tribunal de puissants éléments de conviction, surtout dans les procès (comme ceux de corruption, de concussion), où il est nécessaire de compulser des comptes, d'établir des calculs. Le seul fait d'avoir irrégulièrement tenu le *codex accepti et expensi* entraînait parfois une condamnation.

Mais c'était en général par les témoignages que se formait l'opinion des jurés. Illimité d'abord, le nombre des personnes reçues à déposer dans une même affaire fut restreint de bonne heure par des lois qui ne le réduisirent jamais assez cependant pour compromettre le succès de l'une ou de l'autre des parties. Tout citoyen interrogé pouvait parler sans

(1) Quintilien, *Instit. orat.*, VI, 4, 1.

crainte. On ne lui imposait aucune souffrance physique ou morale, par même l'obligation de jurer. Les
horreurs de la torture étaient réservées aux non-
citoyens et aux esclaves, regardés comme indignes
d'être crus sur serment.

Remarquons, d'ailleurs, que le Préteur n'avait pas,
comme nos présidents d'assises, la direction de l'interrogatoire. C'était là un attribut des parties et
principalement de l'accusateur. Les avocats, les
subscriptores se mêlaient aussi directement à la
lutte en posant aux témoins des questions incidieuses,
des objections pressantes capables de les jeter dans
l'embarras et de rendre la vérité plus manifeste. Le
Préteur n'avait qu'à surveiller, les juges écoutaient
sans mot dire jusqu'au jugement. Eut-il mieux valu,
comme de nos jours, conférer au chef de la *quœstio*
le soin de diriger lui seul les interrogatoires et de
faire ensuite un résumé rapide des débats? Cela est
fort douteux. Un peu plus d'ordre en fut peut-être
résulté pour l'audience, mais il est bien certain,
d'une part, qu'il n'est guère possible, lorsqu'on a
assisté d'un bout à l'autre à une lutte passionnée, de
rester calme et assez en possession de soi pour ne
pas incliner vers l'un des adversaires, et, d'autre
part, que, s'il faut pour adresser les questions aux
témoins emprunter la voix du président, on court
grand risque de voir involontairement dénaturer la
demande ou, tout au moins, de lui voir enlever ce
qu'elle pouvait contenir de spontané et d'imprévu.
Pierre Ayrault le reconnaissait bien, quand il écrivait:

« Interroger, c'est plutôt advocacer que juger, voire plutôt acte de partie ou d'avocat. Car l'interrogatoire pour être bon se doit faire captieusement et subtilement, y venir tantôt de droit fil, tantôt en biaisant, maintenant en cholère, maintenant doucement, qui sont toutes actions d'adversaire ou de sophiste, non de juge ou de magistrat. »

Les dépositions faites, on écoutait les *laudatores*, c'est-à-dire des parents, des amis, des clients venus pour exalter l'honorabilité de l'accusé et pour vanter ses précédents. La facilité de se procurer de pareils appuis faisait considérer comme une honte de n'en pas produire au moins dix (1). Ces mœurs changèrent sous l'Empire où les *laudatores* furent confondus avec les témoins à décharge.

Dès qu'on avait fini d'apprécier les preuves, on s'occupait de la sentence. Elle résultait d'un vote émis à l'aide de tablettes qu'on remettait aux juges, et sur lesquelles ils gravaient l'un des caractères suivants : A. *(absolvo)*, C. *(condemno)*, N. L. *(non liquet)*. Chacun d'eux s'avançait le bras nu, la main haute, pour déposer dans l'urne son verdict. Une fois les suffrages recueillis, on dépouillait le scrutin, et le Préteur en proclamait le résultat : *fecisse aut non fecisse videtur*, telle était la formule d'usage. Que si les jurés déclaraient la cause insuffisamment claire (N. L.), on ordonnait un plus ample informé (*ampliatio*). L'affaire était reprise à une prochaine session,

(1) Cicéron, *in Verr.* (*V.* 22, 57).

puis renvoyée encore s'il y avait lieu, jusqu'à ce qu'une décision définitive put intervenir. Mais, à chaque nouvelle séance, il fallait tout recommencer : plaidoyers, examen des preuves, vote. Aussi abandonna-t-on une semblable procédure, des pratiques plus commodes s'étant introduites, et notamment la *comperendinatio*. C'était une seconde édition des plaidoiries intimement liée à la première instance, de laquelle elle ne se distinguait pas nécessairement comme l'*ampliatio*, et dont un jour franc d'intervalle seulement la séparait. La *comperendinatio* disparut à son tour dès qu'arriva l'Empire et qu'on eût étendu la compétence criminelle du Sénat.

Voilà donc le jugement prononcé. Il n'était pas susceptible d'appel, parce qu'il émanait de l'autorité souveraine, le peuple. Le magistrat devait veiller à son exécution. En attendant, l'huissier congédiait l'assistance : « *Ilicet,* » s'écriait-il (*ire licet*), « il est temps de se retirer. »

Dans le cas où la culpabilité impliquait des restitutions en argent, le jury en déterminait le *quantum*, après débat contradictoire ; et, quand la peine infligée se trouvait elle-même être pécuniaire, le condamné devait donner caution au Trésor public ou se constituer prisonnier.

Ainsi on procédait à Rome aux plus beaux temps de la République. « Tel était le système de cette législation, observe un éminent criminaliste (1), que les citoyens, par le droit d'accusation, avaient la pour-

(1) Faustin-Hélie, *Instr. crimin.*, t. I, p. 68.

suite des crimes; par la composition des tribunaux,
en avaient le jugement, et, par la publicité, se trouvaient investis de la surveillance générale des procès.
Deux de ces règles, la publicité des débats et le concours des citoyens au jugement, ont été reprises par
nos législations modernes comme renfermant les plus
sûres garanties d'une bonne justice. La gloire du
Droit romain est de les avoir posées avec fermeté et
transmises aux siècles suivants avec le sceau d'une
expérience utile. »

Si remarquable cependant, si plein de majesté que
paraisse cet édifice de la procédure romaine, il était
sourdement miné par des vices intérieurs qui hâtaient
chaque jour sa ruine. Les principes, excellents en
eux-mêmes, se trouvaient faussés dans leur application ou exagérés dans leurs conséquences. Quels
redoutables écueils ne présentait pas, par exemple,
l'accusation publique qui, d'un côté, exposait la
liberté individuelle aux écarts d'un zèle trop ardent,
et, de l'autre, pouvait laisser impunis de sérieux
attentats, parce qu'ils ne se rattachaient directement
à aucun intérêt privé ? L'indépendance excessive
accordée aux parties devait aussi engendrer des abus,
et on ne tarda pas à s'en apercevoir. La calomnie,
l'abandon intempestif de l'instance par l'accusateur,
la connivence des deux adversaires se révélèrent tout
à coup et provoquèrent une rigoureuse répression (1).

(1) F. 4, § 4, Dig., de His qui notant. inf. — F. 1, de Prevaricat.
— F. 1, § 6, § 3. — F. 6 et 12, ad S. cons. Turpill. — F. 9, 10, Code.
de Calumniâ. — F. 212, de Verb. signif., Dig.

4

Mais ce qui contribua le plus à la chute de cette superbe organisation en même temps qu'à la décadence des mœurs et de l'esprit public, ce fut la perversion des tribunaux et l'infamie des jugements (1). L'Empire n'était pas loin.

CHAPITRE III

Juridictions au temps de l'Empire.

L'ancienne organisation romaine se trouvait fortement ébranlée à la suite des longues luttes intestines qui avaient troublé la République. Auguste, neveu du dictateur César, pensa qu'il lui serait facile, en profitant de l'affaiblissement général et de son propre prestige, d'atteindre au souverain pouvoir. Sans rien brusquer, lentement, sans éclat, il entreprit la démolition des vieilles institutions républicaines dont il feignit pourtant de se montrer respectueux (2). Tour à tour investi des diverses fonctions et dignités de l'État, il se fit conférer encore la puissance proconsulaire, et, cette autorité des proconsuls, il l'exerça, nonseulement comme eux dans les provinces, mais dans Rome même, sans être soumis, à cause de la durée de ses pouvoirs, à la lourde responsabilité qui atten-

(1) Laboulaye, *Lois Crimin. des Romains*, p. 18.
(2) Tacite, *Ann.*, I, 2, 3; IV, 6.

dait tout magistrat sortant de charge. Avec le com-
mandement des armées, la suprême administration
d'où résultait pour lui la plénitude de juridiction
criminelle, et le titre d'*Imperator*, il inaugura un
régime nouveau qui, sans porter le nom de royauté,
en offrit tous les caractères ; ce fut l'Empire.

Dès lors périssait étouffée l'antique liberté populaire, objet jusque-là de tant et de si courageuses re-
vendications. On arrivait à la confiscation de tous les
droits et de toutes les prérogatives au profit d'un
seul, à l'absorption par une volonté unique de l'ensemble dès volontés.

Les successeurs d'Auguste n'eurent pas de peine
à obtenir d'un coup ce qu'il n'avait pu personnellement acquérir qu'à la longue. La *lex imperii* leur
conférait en une fois tous les pouvoirs (1). A chaque
avènement le peuple abdiquait sa souveraineté entre
les mains du nouveau prince, croyant n'en faire que
son délégué ; en réalité il se donnait un maître.

Toutefois, jusqu'au règne d'Adrien, quelques dé-
bris subsistèrent de la Constitution républicaine.
Certaines magistratures avaient été conservées pour
rappeler l'ancien gouvernement, mais il était visible
que ceux qui les occupaient dépendaient d'une puissance supérieure qui les dirigeait suivant ses vues
et ses intérêts.

Comme il dominait le peuple, l'Empereur domi-

( ) F. 1, *Princip.*, Dig., *de Constitut. princ.*, I, 4. — Gaius,
O. I, § 5.

nait le Sénat. C'était lui qui, en sa qualité de *præfectus moribus*, en désignait les membres ; lui qui,
à des titres divers, le convoquait, le présidait, votait
le premier, imposait à tous par son propre suffrage
la décision qu'il voulait voir intervenir. Il avait sous
la main un instrument docile. Le Sénat, en effet,
n'était plus ce corps influent, recruté parmi les
nobles patriciens et les riches propriétaires; mais
un assemblage d'hommes tirés de toutes les provinces
et d'officiers choisis par l'Empereur (1). Dépouillé
désormais de tout prestige, sans souci de sa dignité,
il s'associait aux caprices les plus extravagants du
maître. Tant il est vrai que rien n'avait échappé à
l'inflexible joug du despotisme impérial !

La législation criminelle, dont le développement
correspond toujours à celui des libertés civiles d'un
peuple, ne pouvait manquer de se ressentir d'un si
notable changement survenu dans l'ordre politique.
Le vieil esprit si plein de tolérance et de largeur,
qui l'avait longtemps animée, disparaissait devant
le principe malsain de l'arbitraire appuyé sur la
corruption et la force. On ne songea plus à protéger
les citoyens, à leur donner des garanties; l'Empereur était maître absolu des biens et des personnes
de ses sujets. De là, toutes les modifications que l'on
constate dans les juridictions et dans la procédure.
« Au lieu, dit M. Laboulaye (2), de ces formes dont la

(1) Tacite, *Ann.*, III, 55, 65.
(2) Laboulaye, *Essai sur les Lois crim. des Rom.*, p. 408 et suiv.

sage lenteur était calculée pour protéger la défense
et lui donner le champ nécessaire, des formes brèves,
des procédures tronquées ôtèrent à l'accusé le temps
et le moyen de se reconnaître. Dans les procédures
préparatoires, la *postulatio* et la *divinatio* disparu-
rent, la *nominis delatio*, l'*inscriptio* la *suscriptio*, la
nominis receptio devinrent un seul et même acte qui
s'accomplit en quelques instants et surprit brusquement l'accusé. Toutes les mesures qui pouvaient empêcher l'accusation de suivre son cours furent détruites,
l'intercession des tribuns supprimée, le désistement de
l'accusateur rendu plus difficile. La prison préventive
(*custodia*) fut introduite dès les premiers jours; le
droit de se bannir volontairement fut aboli; l'exil
devint relégation; la confiscation accompagna l'exil;
les peines furent arbitraires, et leur sévérité, comme
leur durée, dépendit entièrement de la volonté du
Sénat ou du caprice de l'Empereur. Enfin, la question
devint un moyen de preuve ordinaire, et non-seulement on tortura les esclaves pour les forcer à déposer contre leurs maîtres, malgré les précédents républicains, mais encore, et par un mépris bien plus
insolent du nom de citoyen, on tortura les maîtres
eux-mêmes, dès qu'il s'agit de l'accusation de lèse-
majesté et que l'intérêt de l'Empereur fut en jeu (1).»
L'institution du jury, de son côté, gâtée, corrompue
par le Prince, qui y introduisait à dessein des

---

(1) Paul, *Sent.*, V. 29. — F. 10, § 1, Dig., *de Quæst.* — F. 4,
Code, *ad leg. Jul. majest.*

classes d'individus flétris, les gens honnêtes se tinrent à l'écart, présentant des excuses pour éviter un
semblable contact. Au reste, le jugement des crimes
les plus graves avait été soustrait aux commissions,
et l'on ne tenait guère à figurer dans les procès d'une
trop minime importance. Cette difficulté d'assurer
d'une manière convenable le recrutement des *judices
jurati* amena souvent le magistrat à retenir la cause
pour lui seul. Il statua sans le concours d'aucun
conseil, et ce fut là l'origine des *cognitiones extraor-
dinariæ*.

SECTION PREMIÈRE

Apparition de nouvelles autorités criminelles.

Nous venons de voir la juridiction exceptionnelle
du Préteur, statuant *extra-ordinem*, faire fréquemment
abandonner dans la pratique l'usage des commissions
avec jury. A mesure que le régime impérial se développa, des empiètements plus nombreux se produisirent et vinrent compromettre davantage le sort des
quæstiones perpetuæ. Longtemps celles-ci résistèrent:
les profondes racines qu'elles avaient jeté les soutenaient au milieu du triomphe d'idées nouvelles.
Mais enfin il fallut céder. La compétence extraordinaire des magistrats, autrefois l'exception, devint la
règle; et, jusqu'au moment où la multiplicité des
affaires les obligea à s'entourer d'assesseurs pour

défricher la cause et préparer la sentence, les Préteurs jugèrent seuls. Dioclétien n'eut qu'à constater
législativement un changement déjà opéré en fait. Il
édicta une constitution qui écartait à jamais les
citoyens de toute participation aux procès-crimi-
nels (1). Mieux eut valu, sans doute, reconstituer
l'ancienne organisation judiciaire, faire revivre en
l'améliorant la bienfaisante institution du jury, mais
là n'était point l'intérêt du Prince. Dirigée dans le
sens opposé, la réforme concordait à merveille avec
le plan que s'étaient tracé les Empereurs, d'amoin-
drir sans relâche les prérogatives du peuple, afin
d'en transporter le bénéfice aux magistrats, leurs
subordonnés, et, de préférence, au Sénat. La concussion, la brigue, quelquefois même des délits ordinaires, comme l'adultère et l'empoisonnement, devinrent
du ressort de cette Assemblée, dont Tibère accrut
infiniment la puissance, en lui déférant le jugement
des crimes politiques, et, entre tous, de celui de lèse-
majesté (2). Plus tard toutes ces attributions furent
retenues par les Princes eux-mêmes, qui désirèrent
exercer ouvertement la suprême juridiction criminelle,
suite naturelle de leur droit à la haute administration
de l'Etat.

D'après cela, l'Empire compta, dans sa durée,

(1) F. 2, Code, de Pedan. jud., III, 3.— De Savigny, Hist. du Dr.
rom. au Moyen-Age, ch. II, §26. — Paul, F. 2, Dig., de Public.
judic. — Ulp., F. 13, Dig., de Pœn.

(2) Tacite, Ann., I, 72; XII, 59; III, 22, 23. — Pline, Epistol.
VI, 5.

pour la répression des crimes, trois grandes juridictions : le *Sénat*, le *Prince* et le *Préfet de la Ville*, fonctionnaire qui accapara de bonne heure les pouvoirs judiciaires des Préteurs (1).

§ 1. — *Du Sénat.*

Depuis Auguste, le Sénat était devenu une véritable Cour judiciaire. Il avait bien, sous la République, connu de certains crimes directement ou sur délégation, mais ce n'avait été que par pure tolérance du peuple, alors seul maître de la législation et de la justice.

Héritier, aujourd'hui, des prérogatives populaires, représentant officiel de la nation, il cessait d'être un tribunal d'exception pour s'ériger en juridiction permanente de droit commun. A ce titre, le jugement de tous les crimes jadis déférés aux Comices lui appartint, et il fut impossible aux Empereurs, sans un abus d'autorité, de détourner à leur profit une partie de cette compétence. Du reste, ils s'en souciaient peu. N'osant pas encore afficher au grand jour leur puissance de date récente, ils se dissimulaient derrière le Sénat toujours prêt à seconder leurs projets, et le faisaient agir à leur place pour se soustraire personnellement à la responsabilité d'une condamnation (2). Aussi vit-on les pouvoirs de ce

(1) Paul, I, 12 § 1. — Ulp., F. 1, pr., Dig., *de Judiciis.*
(2) Tacite, *Ann.*, XI, 30.

corps grandir d'une façon exorbitante. Il jugea seul
les attentats de n'importe qu'elle nature, imputables
à ses membres, et les crimes commis dans l'exercice
de leurs magistratures par les fonctionnaires publics.
Il eut à prononcer sur la concussion, le péculat, la
violence, toutes les exactions des gouverneurs dans
les provinces, et sur l'accusation de lèse-majesté, si
large dans sa compréhension, qu'elle embrassait tout
acte (écrit, parole, geste, pensée même) ayant eu le
malheur de déplaire au Prince ou d'exciter sa jalousie (1).

Devant une juridiction tellement influente, la liberté
de la défense et l'indépendance du tribunal ne furent
bientôt plus que de vains mots. Le Sénat, souverain
administrateur et juge, dictait la loi. Que lui impor-
taient ces formes vieillies, qui avaient si efficacement
protégé les Romains contre toute espèce d'écarts
possibles de la part des juges ! Le principe de la division des accusations fut abandonné ; on n'organisa
plus autant de poursuites différentes qu'il y avait
d'incriminations distinctes, et l'on aboutit à mêler
confusément dans une même instance des accusations
multiples, en vue de mettre aux abois la défense et
d'emporter la condamnation. Parfois aussi, pour
donner plus de force à l'attaque, on suspendait sur la
tête de l'accusé le *crimen majestatis*, qui n'était guère
jamais vainement employé contre celui que l'on désirait perdre (2).

(1) Tacite, *Ann* , XIII, 44 ; IV, 15 ; I, 72 ; II, 27 ; XIV, 48, 50.
— Suétone, *Octave*, 66.

(2) Tacite, *Ann.*, III, 38 ; IV, 21.

A l'égard des pénalités, le Sénat ne montra pas plus de scrupules. Il n'avait que faire des précédents. Dans tout procès, il s'arrogea le droit de fixer le châtiment à sa guise, et alors on assista à un spectacle bizarre, le même crime donnant lieu tantôt à une peine, tantôt à une autre, puni aujourd'hui d'une simple note d'infamie, demain de la rélégation ou de la mort (1). La fortune, l'honneur, la vie des citoyens furent à la merci d'une telle assemblée ou plutôt aux mains de l'Empereur, qui en inspirait les décisions. Et cette tyrannie se prolongea longtemps sans recevoir d'autre tempérament que celui qu'apportait, à de rares intervalles, l'avénement d'un prince plus humain, moins soupçonneux et surtout moins cupide ; car, sous les mauvais règnes, d'ardentes convoitises eurent libre carrière : le *crimen repetundarum*, nouvelle épée de Damoclès, se dressait, effrayant, sur la tête du fonctionnaire qui maniait les fonds publics ; et, plus d'une fois, l'Empereur se permit de susciter des accusateurs pour partager ensuite avec eux le bénéfice de la condamnation. « Vespasien, observe M. Laboulaye (2), y allait du moins avec plus de franchise, lui qui considérait ses Procurateurs comme des éponges destinées à absorber tout l'argent des provinciaux, mais qu'il pressait ensuite jusqu'au dernier sou, au moyen d'une bonne condamnation. Souvent même, et sans attendre l'issue du procès, il ven-

(1) Tacite, *Ann.* XIV, 28. — Pline, *Epist.*, IV. 9.
(2) *Essai sur les Lois crimin. des Rom*, p. 423 et suiv.

dait l'absolution aux accusés, innocents ou coupables.... »

D'aussi affreux scandales ne se seraient pas produits sans la lâche complaisance d'un Sénat réduit au rôle le plus servile. Ce corps n'était plus nécessaire qu'à la condition d'être avili. Les Empereurs, désormais sûrs d'eux-mêmes, se décidèrent à se passer de son intermédiaire ; ils jetèrent le masque qu'ils avaient gardé jusque là, et, ne laissant au Sénat d'autre privilége que celui de statuer vis-à-vis de ses membres coupables, ils prétendirent représenter seuls la souveraine autorité. Dès le IIIme siècle, ils formaient avec leur consistoire la juridiction régulière.

§ 2. — *Du Prince.*

Jusqu'au second siècle de l'ère chrétienne, il est presque impossible de se faire une idée parfaitement exacte de ce que fut la juridiction du prince et des attributions dont elle jouit. Hiérarchiquement placé à la tête de tous les fonctionnaires, tenant en main l'administration générale de l'Etat, l'Empereur crut pouvoir revendiquer pour lui une compétence absolue à l'égard des affaires criminelles. Il se sentit encouragé dans cette voie par les procédés des parties elles-mêmes. Se méfiant des juges ordinaires, auprès desquels elles ne trouvaient plus de sérieuses garanties, espérant davantage de la mansuétude et de la générosité du Prince, elles réclamaient comme une grâce la faveur d'être jugées par lui, et donnaient ainsi ouverture à la *cognitio Cæsaris* (1).

Auguste, désireux de ne pas trop engager sa responsabilité, se faisait volontiers assister d'un conseil pour rendre la justice (2). Ses successeurs ne l'imitèrent pas. Quand il leur arriva, par hasard, d'appeler des assesseurs autour d'eux, ce ne fut que pour une affaire spéciale.

Avec Adrien les choses changèrent. L'Empereur s'adjoignit le concours de personnages distingués pris parmi les sénateurs, les chevaliers et les plus renommés d'entre les jurisconsultes. Il en composa une sorte de conseil permanent (*auditorium*, *sacrum auditorium*), qu'il présida et mit en possession de toutes les prérogatives dont le Sénat s'était vu dépouiller. Le droit d'administration et de justice passa aux mains de ce petit groupe d'hommes choisis, qui obtint la prééminence sur tous les autres corps constitués, en même temps qu'il vint restreindre l'extrême latitude des pouvoirs du Prince. Ce dernier, toutefois, ne renonçait nullement à sa vaste puissance. C'était volontairement qu'il souffrait cette limitation, et rien ne l'empêchait, quand il y trouvait son bon plaisir, d'évoquer les affaires portées devant n'importe quel tribunal de l'Empire (3). « Quand il se rencontrait des Empereurs justes et modérés, a dit un

(1) Pline, *Epist.*, VIII, 6.
(2) Suétone, *Octave*, 35. — Tacite, *Ann.*, XIV, 62.
(3) F. 5, Dig., *Ad. leg. pomp. de parricid.*

auteur (1), ils s'imposaient des bornes à eux-mêmes
dans l'exercice de cette autorité judiciaire, qui aurait
pu atteindre à tout, tout punir ou tout opprimer;
mais lors même qu'ils renonçaient à ce droit despo-
tique qui les mettait au-dessus des lois, ils le cons-
tataient et se faisaient un mérite de vouloir bien y re-
noncer. Quoique nous soyons, disaient-ils, affranchis
de toute loi, nous consentons à nous assujétir aux
lois : *licet enim legibus soluti sumus, attamen legibus
vivimus.* »

Ce qui favorisa la marche envahissante de la juridiction du Conseil impérial, ce fut l'état de délabre-
ment dans lequel étaient tombés les anciens tribunaux. Les *quæstiones perpetuæ* se soutenaient à peine
depuis qu'on avait ouvert les portes du jury aux plus
basses classes de la société; l'*extraordinaria cognitio*
des Préteurs était vivement menacée par une autorité
rivale, celle du Préfet de la Ville, dont la puissance
croissait de jour en jour; quant au Sénat, il n'existait pour ainsi dire plus; le Conseil impérial s'était
enrichi de ses dépouilles.

Il paraît qu'à partir d'Alexandre Sévère le *Consilium principis* fut rétribué aux frais du Trésor : cela
montre suffisamment de quelle faveur il jouissait.
Dioclétien le qualifia de *sacrum Consistorium*, sans
toucher à ses attributions. Mais, après que le siége
de l'Empire eût été transporté à Constantinople, le

(1) Albert du Boys, *Hist. du Droit criminel des peuples anciens,*
t. I, p. 164.

Consistoire ne put plus guère être saisi que par voie
d'appel; sa compétence en premier ressort se borna
à la connaissance des affaires d'un intérêt majeur ou
concernant des personnes d'un rang élevé. Il garda
toujours la faculté de dicter la décision du juge,
quand celui-ci embarrassé le consultait à l'occasion
d'un procès pendant.

Une magistrature, modeste à l'origine, mais qui
prit un rapide essort, vint soulager le Prince dans
l'exercice de sa puissance judiciaire, et recueillit la
plus grande part des priviléges qu'il se réservait
exclusivement en matière criminelle. Nous voulons
parler de la *præfectura urbis*, créée par Auguste, en
l'an 25 av. J.-C. pour maintenir dans la ville l'ordre public et la sécurité.

§ 3. — *Du Préfet de la Ville.*

Ce magistrat, en accumulant autour de lui une
multitude de fonctions, était parvenu à s'élever en
dignité aussi haut que les premiers officiers de l'Empire. Chargé à vie de la direction et de la police de
la Ville, il s'attribua tour à tour les pouvoirs réservés
aux divers autres magistrats, qu'il reléguait à mesure
en sous-ordre. Il s'efforça surtout d'attirer à lui la
juridiction criminelle. Pour cela, constituant un *auditorium* (tribunal), il y appela toutes les causes retenues
précédemment par les Préteurs, et réduisit ceux-ci au
rang de simples subalternes. Les textes indiquent

que sa juridiction s'étendit à cent milles autour de l'enceinte de Rome, et que ses décisions furent toujours exécutoires de plein droit, tandis que celle des autres magistrats nécessitaient parfois, pour produire leur effet, l'approbation du Prince (1). Cela se comprend : le Préfet de la Ville était censé représenter la personne même de l'Empereur. Ses jugements, dans certaines circonstances, n'étaient pas susceptibles d'appel, et jamais on ne les pouvait attaquer que devant le Conseil impérial (2). Lui-même, en sa qualité de Préfet de la Ville, avait à statuer au second degré sur les sentences émanées des magistrats d'une partie de l'Italie. En cas d'empêchement, il était suppléé par un officier public, nommé *vicarius urbis Romæ*. Un greffier, des scribes, un *commentariensis* préposé aux arrestations et aux exécutions, lui prêtaient leur concours. Enfin, des assesseurs lui fournissaient, au besoin, le secours de leurs lumières (3).

Au-dessous de la *præfectura urbis*, Auguste avait établi une autre charge, la *præfectura vigilum*, destinée à remplacer l'institution des triumvirs, et dont la mission était de surveiller les incendies pendant la nuit (4). Les titulaires du nouveau poste (*præfecti vigilum*) se virent investis d'une juridiction qui,

---

(1) Ulp., F. 1, Pr., Dig., *de Offic. præf. urb.* — F. 1, § 4, *Eod. tit.* — Ulp., F. 2, D., *de Pœnis.*

(2) F. 23, code Théodos., *de Appellat.* — F. 27, *Eod. tit.*

(3) Code Théod., F. 11, 13, 36, *de Appellat.*, et F. 5, *de Cust. reor.*

(4) Paul, F. 1, 3, § 1, Dig., *de Offic. vigil.*

restreinte d'abord aux faits d'incendie, s'élargit peu
à peu pour s'appliquer aux cas de fuite d'esclaves,
aux effractions, aux vols et au recèlement (1). Toutefois, lorsque le délit revêtait un certain caractère
de gravité ou était l'œuvre d'une personne de haute
condition, le *præfectus urbi* restait seul compétent (2).

SECTION II

De la Procédure.

§ 1. — *Règles ordinaires de procédure sous l'Empire.*

La procédure, sous les Empereurs, reçut le contre-
coup du bouleversement qui s'opéra dans les juridictions et dans la politique. Ce fait a déjà été
signalé au début du présent chapitre.

Des formalités largement protectrices, des ma-
nières d'agir franches et loyales ne pouvaient com-
patir avec l'humeur impériale, haineuse, jalouse,
oppressive. Les sages règles qui assuraient aux
parties tout le temps nécessaire pour se bien préparer au combat, les garanties qui avaient jusque-là
couvert les citoyens contre l'iniquité, la prévarica-
tion, les différents excès des juges, tout cela fut aboli,

---

(1) Ulp., F. 5, D., *de Offi. vigil.* — Paul, F. 3, § 1, *Eod. tit.* —
Pompon., F. 15, D., *de Cond. caus. dat.*
(2) F. 3, § 1, Dig., *de Offi. vigil.* — F. uniq. au code, *Eod. tit.*

supprimé. L'arbitraire s'assit à la place de la justice, la force à la place du droit. Le bénéfice de la liberté provisoire, même sous caution, s'évanouit pour les prévenus ; des témoins furent subornés; des accusations malicieusement introduites; la torture infâme remplaça d'honnêtes moyens d'instruction, et l'écriture se glissa peu à peu dans les actes judiciaires; enfin, les emprisonnements devinrent plus fréquents, les pénalités plus sévères. Et, si l'on conserva quelques-unes des pratiques républicaines, ce ne fut qu'en les dénaturant, en les détournant de leur véritable fonction. Ainsi, le droit d'accusation devint un méprisable et vil métier entre les mains des délateurs. Un point remarquable à noter, c'est l'unité qui s'établit dans les formes nouvelles. Elles ne s'appliquèrent pas à tel crime déterminé, prévu par une loi spéciale, mais à tous les crimes d'un même ressort. Le Préfet de la Ville connut, suivant des règles identiques, de tous les méfaits qui étaient portés devant lui, comme le Sénat statuait, en se conformant à des usages à lui propres, sur les délits, quels qu'ils fussent, déférés à sa juridiction. Inutile d'ajouter que la transition des anciennes procédures à celles dont nous nous occupons ne s'opéra pas brusquement, mais fut le résultat de l'altération lente et graduelle des vieilles institutions. Les premiers Empereurs, pour ne pas trop heurter la Constitution, usèrent de ménagements que leurs successeurs n'eurent pas à garder.

Le Sénat, corps essentiellement délibérant, sauf

5

quelques règles relatives à l'instruction et emprun-
tées aux *quæstiones perpetuæ*, ne procédait pas dans
ses jugements d'une façon différente de ce qu'il avait
coutume de faire dans ses votes politiques. Le magistrat chargé d'en convoquer les membres et de les
présider, servait d'organe à l'accusateur qui, généralement, était un sénateur ou un magistrat élevé, tel
qu'un Consul ou un Tribun. Il n'appartenait pas ici aux
simples particuliers de venir formuler une accusation, à moins que la volonté souveraine d'une Assemblée qui faisait la loi ne consentît à recevoir la
plainte. Avant l'ouverture de l'instance, le Sénat
restait toujours maître d'accorder ou de refuser des
augmentations de délai, de reculer ou d'avancer le
jour de la comparution, de grossir les obstacles autour de la défense ou d'enlever à l'agresseur le temps
de réunir les pièces du procès (1). Ces vastes pouvoirs n'étaient que la conséquence inévitable de l'attribution à un groupe politique des prérogatives
judiciaires. Au demeurant, la présence réciproque
des parties à l'audience, les plaidoiries des avocats,
l'interrogatoire des témoins, l'examen des preuves,
toutes ces formalités qui se succèdent une fois le
procès engagé, se reproduisaient devant le Sénat, mais
faussées et sans profit pour la cause. Les juges ar-
rêtaient leur décision à l'avance ; la même peine qui
attendait l'accusé menaçait l'avocat assez audacieux
pour présenter une défense. D'ailleurs, quel succès

(1) Tacite, *Ann.*, III, 13 ; XII, 42, 52.

se promettre en face de l'odieux personnage que
jouait l'Empereur, cumulant sur sa tête les rôles les
plus opposés, les plus contradictoires? « Au-dessus
de toutes les magistratures, dit Laboulaye, chef de
l'Empire et du Sénat, il pouvait à son gré prendre
dans la procédure la place et le rôle qu'il lui convenait de choisir. Quelquefois accusateur, quelquefois
défenseur de l'accusé; président, en sa qualité de
consul, et, à ce titre, maître de l'interrogatoire, de
la position des questions et du vote; juge, comme
sénateur, il peut, en vertu de sa puissance tribuni-
tienne, arrêter l'accusation; différer, modifier, sus-
pendre l'instance; adoucir ou aggraver la peine. En
réalité, c'est de l'Empereur seul que dépendent le
retour, la réhabilitation, comme l'accusation, la condamnation et la peine (1). »

Le jugement, prononcé par le Sénat hors de la
présence du coupable, était signifié à ce dernier par
ordre du Consul, et, peu après, exécuté. A partir de
Tibère, le droit de grâce s'étant introduit, on dut
laisser, pour l'exercice de ce privilége, un laps de
temps suffisant entre la reddition de la sentence et
son exécution (2).

Devant la juridiction du Prince il n'exista pas,
tout d'abord, des formes de procédure aussi bien dé-
finies qu'elles le furent dans la suite. L'indétermina-
tion régnait dans les formalités et dans la compétence. L'Empereur se réservait indistinctement les

(1) Laboulaye, *Essai sur les Lois crim. de Rome*, etc., p. 442.
(2) Tacite, *Ann.*, XVI, 34, 35 ; III, 51.

causes qu'il lui convenait de retenir, s'affranchissant
de toute loi gênante, de toute règle qui l'aurait trop
assujéti. Il infligeait la pénalité à sa guise et sa décision avait toujours force de loi. *Quod principi pla-
cuerat, legis habebat vigorem.* Dès le règne d'Adrien
cependant, le *sacrum auditorium* devint, nous l'avons
vu, une institution régulière, un tribunal permanent,
reposant sur des bases moins incertaines. Après
Dioclétien, il forma le suprême ressort judiciaire de
l'Empire.

Quant aux Préfets de la Ville, tout en consacrant
des changements occasionnés par la substitution aux
judices jurati d'une juridiction permanente, ils maintinrent la plupart des procédures anciennes, notamment la publicité et les débats oraux. Les témoins
vinrent encore déposer en présence de l'accusé, auquel on toléra toujours un défenseur, et les preuves
continuèrent à être reçues comme par le passé. Seulement, les premiers actes de l'instruction furent
désormais confiés, non plus à l'accusateur, mais aux
juges; à eux aussi fut remise la direction des interrogatoires; leurs délibérations devinrent secrètes, leurs
sentences susceptibles d'appel (1). Or, comme il importait de constater d'une façon durable les investigations préliminaires, les témoignages fournis, les
réponses de l'accusé, le jugement lui-même dont il
était possible maintenant de réclamer la révision,

_____

(1) Code Théod., F. 6, 7, 9, *de Accusat.* — F. 2, *de Custod.
reor.*

l'écriture pénétra peu à peu dans les actes et restreignit à mesure le champ du débat oral.

§ 2. — *De quelques règles spéciales.*

Parmi toutes ces modifications que subirent les règles de la procédure criminelle, il en est une principalement remarquable, c'est la dégénérescence du droit d'accusation, transformé en un instrument de spoliation et de despotisme. Nous allons en parler tout de suite sous le nom de *délation*, nous proposant de faire connaître, aussitôt après, deux créations du droit impérial : la *contumace* et l'*appel*.

I. — De la délation.

Le droit d'accusation, pendant toute la durée du régime républicain, avait constitué une sorte de fonction publique : c'était un droit politique que les citoyens entendaient exercer. L'Empire porta la main sur cette institution, comme sur le restant de l'organisation judiciaire, et il la vicia. S'il maintint la nécessité de la dénonciation écrite, ce fut pour n'en pas faire cas dans la pratique, et s'il développa, s'il élargit outre mesure le principe de la libre accusation quand il s'agit de l'intérêt du prince, il en restreignit sans ménagement l'usage toutes les fois que l'intérêt privé du citoyen se trouva seul en jeu. Dans les procès ordinaires, on accumula les obstacles

autour de l'accusateur; dans les poursuites pour
crime de lèse-majesté, au contraire, on les écarta
soigneusement, et des personnes qui n'eussent pu
normalement prendre en main une accusation, des
individus notés d'infamie, des esclaves, des femmes,
furent reçus à intenter l'action publique (1). Le privilége d'accuser, réservé jadis aux seuls citoyens, et
encore aux citoyens d'une honnêteté éprouvée, ce
privilége était maintenant ouvert à tous, sans garanties : il devenait accessible à ce qu'il y avait de plus
infime et de plus bas dans la société. Tout individu
qui avait la passion du gain ou de la gloire, qui était
dénué de ressources ou dévoré par l'ambition, trouvait dans l'exercice des accusations une voie sûre et
prompte pour arriver à la fortune et aux honneurs.
La tourbe immonde des délateurs vint remplacer les
consciences droites et les cœurs généreux qui avaient
eu souci jusque-là de la chose publique, des intérêts
communs, de la grandeur de la patrie. Des scélérats,
que l'Empereur gratifiait de ses largesses et encou-
rageait par l'abandon d'une partie des biens des
condamnés, s'abattaient sur la vertu et le mérite et
les traînaient devant les tribunaux (2). Celui qui
possédait un certain rang, quelque bien-être ou une
considération légitimement acquise, se sentait pris
d'effroi : il était exposé à l'envie, à la malignité, à la

(1) F. 3, Dig., de Accusat. — F. 12, § 2, Dig., Eod. tit. —F. 10,
Dig., de Grad., et 4, Dig., de Testib. — F. 57, ad leg. Jul. maj.
Dig. — F. 1, Dig., de Accusat. — F. 8, Dig., ad leg. Jul. maj.
(2) Tacite, Ann., I, 84; II, 82; IV, 20, 30.

rapacité du prince. Tous les historiens ont voulu
retracer le tableau de l'immense désordre, de la per-
turbation qui régna dans la société d'alors, livrée à
ces gens « avides de la ruine publique, suivant les
termes de M. Laboulaye, suscités par l'appât des
récompenses, se ruant comme des oiseaux de proie
sur toutes les personnes que la fantaisie sanglante du
maître leur indiquait (1). » Tacite, Pline relatent ces
excès et, dans un temps plus rapproché du nôtre,
Montesquieu les flétrit en quelques phrases où il nous
représente ces hommes à l'âme basse, à l'esprit am-
bitieux, cherchant un criminel dont la condamnation
put plaire au prince (2). En présence de tels abus,
quiconque avait conservé un peu de dignité, de
noblesse de sentiment, se refusa à pactiser avec des
créatures aussi aviliées et s'abstint du rôle d'accusateur, même quand l'amour du bien et de la justice
lui montrait là un devoir à remplir. Cette tendance
à l'inaction s'accentua d'autant plus que le législateur,
dans un but louable sans doute, mais en réagissant
d'une façon exagérée contre la délation dont il commençait à s'effrayer, avait ordonné des mesures aussi
sévères à l'égard de l'accusateur que vis-à-vis de
l'accusé. Il ne s'agissait de rien moins que de les
détenir préventivement tous les deux jusqu'au jugement (3). C'était tuer le droit d'accusation en cherchant à le régénérer. Personne n'osa plus engager

(1) *Essai sur les Lois crim. des Romains*, p. 435 et suiv.
(2) *Esprit des lois*, VI, 8.
(3) Code Théod. F. 8 et 10, *de Accusat*.

un procès criminel. Cependant, comme il importait
à la société de ne pas rester sans défense, l'usage
s'établit de remettre à un magistrat, nommé d'office
pour chaque affaire par le Sénat ou l'Empereur, le
soin d'instruire la cause et de requérir devant les
tribunaux criminels la condamnation du coupable (1).
Ce fut le germe d'une institution nouvelle qui s'étendit dans notre ancienne jurisprudence et fonctionne
encore de nos jours, le *ministère public.*

II. — De la Contumace.

C'est à **Trajan** que l'on doit l'introduction d'une
procédure restée jusque-là ignorée des Romains. Un
accusé, sommé de comparaître, ne se présente pas
au jour du jugement; sera-t-il possible de lui infliger
une peine? On court grand risque de consacrer une
iniquité en condamnant quelqu'un sans l'avoir entendu. L'homme qui ne se défend pas ne saurait
à bon droit être déclaré coupable. Son absence,
d'ailleurs, peut tenir à des empêchements réels.

Au temps des *quæstiones perpetuæ,* les juges ne
pouvaient qu'ajourner leur décision, sans se dessaisir, lorsqu'on leur présentait de valables excuses,
sinon appliquer la peine édictée par la loi. L'empereur Trajan, s'inspirant de la philosophie stoïcienne
et de cette pensée qu'il vaut mieux laisser un crime

(1) Tacite, *Ann.*, IV, 29; XV, 35. — Hist., IV, 42. — Pline,
Epistol., III, 4; VI, 31; VII, 33.

impuni que de frapper un innocent, émit de nouvelles règles (1). Divisant les méfaits en deux catégories: d'une part, les crimes qui ne donnaient
naissance qu'à des peines pécuniaires ou touchant à
l'honneur et à des châtiments corporels moins graves
que la rélégation; d'autre part, ceux qui entraînaient
des condamnations plus considérables, comme les
travaux des mines, la mort, il voulut que, par rapport
à ces derniers, nul coupable ne vit une sentence
prononcée contre lui avant qu'il n'eût proposé ses
moyens de défense. Et voici comment il fit entrer
dans l'application ces principes reposant sur la morale
et l'équité:

Il accorda à l'accusé contumax une année pour se
représenter (2). Si, dans l'intervalle, on l'arrêtait ou
s'il se livrait lui-même à la justice, il recouvrait tous
ses droits. Acquitté, il n'était soumis à aucun châtiment extraordinaire; condamné, aucune aggravation
de peine ne l'atteignait. Mais, passé le délai d'un an,
on le regardait comme fugitif; un jugement était
rendu qui le déclarait insoumis aux lois de son pays,
le signalait aux gouverneurs de province, et envoyait
le fisc en possession de tous ses biens (3). Cette prise
de possession persistait même après que l'accusé,
saisi et soumis à un débat contradictoire, parvenait

(1) F. 5, Dig., *de Pœnis.* — F. 1, Dig., *de Requirend. vel absentib.
damnandis.*

(2) F. 2, 4, Dig., *de Requir. vel. abs. damnand.*

(3) F. 5, Dig., *de Req. et abs. damn.* — F. 1, Code, *de Requir.,
reis.* — F. 1, Dig., § 2, et F. 1, § 4, *Eod. tit.*

à se faire acquitter ou à convaincre le tribunal de son entière innocence. On entendait punir ainsi sa désobéissance aux injonctions de la justice (1).

Cette réglementation, due à l'un des meilleurs princes que produisit l'Empire, amena d'excellents résultats. Elle différait de notre législation moderne par la brièveté du délai assigné à l'absent pour sa comparution, et parce qu'elle ne prescrivait contre lui aucune peine provisoire. Les Romains estimaient inutile de prononcer un châtiment qui devait tomber devant un débat postérieur, si l'accusé se représentait, ou être maintenu (contrairement au principe que nul ne saurait être condamné sans avoir été entendu) si l'absent continuait à se dérober à toutes les recherches.

Une autre innovation, également heureuse, fut *l'appel.*

III. — De l'Appel.

Sous la République, les Préteurs statuant en qualité de délégués du peuple, leurs jugements tiraient de cette circonstance une force et une autorité qui les rendait inattaquables. Nulle voie de recours n'était ouverte contre eux, si ce n'est au cas d'accusation capitale, où le droit de provocation aux Comices formait toujours un privilège du citoyen.

(1) F. 1, § I, Dig., *de Req. vel abs. damn.*, — F. 5, *Eod. tit.* F. 2, Code, *de Req. reis,*

Avec l'Empire, les pouvoirs populaires passèrent
aux mains du Prince. Les magistrats ne puisèrent
plus leur puissance judiciaire dans la souveraineté
du peuple, mais dans l'omnipotence de l'Empereur,
héritier de cette souveraineté. La hiérarchie fut établie : on en appela du juge inférieur mal informé au
fonctionnaire supérieur plus éclairé ; on s'adressa au
chef de l'Etat. Toutefois, ce n'est guère que sous
Dioclétien que le droit d'appel reçut une organisation complète. Tout jugement criminel y fut soumis,
quelle que fut son importance (1). Il n'y eut d'exception que pour les cas d'homicide, d'adultère, d'empoisonnement, de maléfices, et à la double condition
que l'accusé serait demeuré convaincu de pareils
attentats et les aurait avoués *(convictus atque con-
fessus)*. Le rang du juge duquel émanait la sentence
était indifférent ; seules les décisions du Préfet du
prétoire, dont la justice criminelle s'exerçait hors de
Rome, ne pouvaient être l'objet d'aucune révision (2).

Longtemps les magistrats prirent l'appel pour une
injure, et, bien des fois, ils refusèrent de tenir compte
de la volonté des parties. Celles-ci, de leur côté, inti-
midées, redoutant le courroux de leurs juges, n'osaient
ouvertement attaquer leur verdict. Pour calmer les uns
et rassurer les autres, les Empereurs expliquèrent à
leurs subordonnés qu'il ne résultait de l'appel aucune
insulte personnelle, et exhortèrent les parties à

(1) Constantin, F. 20, Code, *de Appellat.*
(2) F. 7, Code. *de Maleficiis.* — F. 23, Code Théod., *de Appellat.* — F. 10, Code, *Eod. tit.*

bannir toute crainte. Tout condamné fut mis en
demeure de se pourvoir dans les délais (deux ou trois
jours au début) devant une plus haute autorité, sous
peine d'être considéré comme ayant acquiescé au
jugement. Quant au magistrat qui refusait de recevoir un appel, il fut puni d'une amende (1). Le recours,
verbal ou écrit, était laissé à la disposition non-seulement de l'accusé, mais de quiconque s'intéressait à
lui, et quand même il s'y opposât (2). Primitivement
le Conseil impérial constitua le seul tribunal d'appel ;
plus tard, le Prince trop occupé s'adjoignit des
auxiliaires, *les judices sacri.*

Voilà ce que furent les juridictions et les formes
de procédure sous le gouvernement des Empereurs,
qui s'efforcèrent constamment d'abaisser les libérales
institutions de la République, pour les accommoder à
leur système d'absolutisme et de domination. La philosophie grecque, puis la morale chrétienne appor-
tèrent des adoucissements, ardemment désirés, à des
règles souvent dures, parfois iniques; elles fournirent
en même temps aux citoyens une consolation pour
toutes leurs libertés perdues.

(1) F. 20, Code Théod., et F. 58, de *Appellat.* — F. 22, 25, 83,
52, Code, *Bod. tit.*
(2) Ulp., F. 6, Dig., de *Appellat.*

APPENDICE

Situation privilégiée faite aux accusés d'un certain rang.

Nous ne saurions terminer ce premier Livre, sans énumérer certaines classes de personnes qui échappèrent, à Rome, à la juridiction de droit commun et furent traitées avec plus de ménagements. Ce sont, en dehors des militaires dont le jugement n'appartenait qu'aux chefs, leurs supérieurs hiérarchiques, et en second ressort à l'Empereur (1) : les sénateurs, les personnages honorés du titre de *clarissimi* et les ecclésiastiques. Les accusations portées contre les premiers et les seconds étaient déférées au Préfet de la Ville qui les jugeait assisté de cinq assesseurs pris dans le Sénat (2); celles dirigées contre les prêtres de n'importe quel ordre étaient soumises aux juridictions laïques les plus élevées de l'Etat, savoir, le Préfet de la Ville à Rome et à Constantinople, les gouverneurs dans les provinces. Toutefois, pour ce qui concerne l'accomplissement de leurs devoirs sacerdotaux, ils n'en répondaient que devant l'autorité ecclésisasti-

(1) F. 6, Code *de Juridiction.* — F. 1, *de Exhibend. reis.* — F. 2, Code, Théod., *de Jurisd.*

(2) Code Théod., F. 13, *de Accusat.* — F. 4, *de Malefic.* — F. 10, *de Pœn.* — F. 12, *de Jurisd.*

que (1). Les plus hauts fonctionnaires de l'Empire, les *illustres*, étaient directement jugés par l'Empereur.

Citons, en finissant, deux juridictions exceptionnelles, dont la première surtout jouit chez les Romains d'une incontestable autorité : l'ancien tribunal domestique ou de famille, et le *præfectus annonæ* qui s'occupait des délits relatifs aux vivres et approvisionnements.

(1) Constit. 23, Code Théod., *de Episcopis* (cap. 16, 2). — Nov. 83, cap. 1.

LIVRE DEUXIÈME

Juridictions criminelles hors de Rome.

On sait que le territoire romain se forma, depuis le sol de Rome jusqu'aux limites les plus reculées, par des conquêtes successives. Il y eut autour de la puissante cité (Urbs) l'Italie, et, derrière l'Italie, les provinces. C'est sur toute cette vaste domination qu'il importe de voir comment était assurée la répression des crimes.

CHAPITRE PREMIER

Autorités chargées de la répression.

On ne possède que de vagues notions sur ce que fut, dans le principe, l'administration de la justice pénale hors de Rome. La plupart des cités conquises avaient conservé leurs lois, leur police intérieure, leurs magistrats (*duumviri* ou *quatuorviri*). Ceux-ci, chargés de la justice locale, durent être investis d'une certaine juridiction criminelle (1). Quelles en furent les bornes ? C'est ce que l'on ne saurait dire d'une façon précise. Il est probable que les affaires considérables étaient déférées aux autorités judiciaires de la grande cité (*Roma*) (2).

La puissance répressive des magistrats municipaux se maintint en Italie, jusqu'à ce que l'Empire eut confié à ses propres fonctionnaires l'administration de ce pays, si longtemps et à tant d'égards distingué du territoire des provinces. Alors la juridiction fut exercée autour de Rome, jusqu'à une distance de cent milles, par le Préfet de la Ville, et, au-delà, par le Préfet du prétoire et d'autres lieutenants impériaux (3).

Les Provinces furent régies différemment. D'abord de plus nombreuses charges leur incombaient : elles seules payaient l'impôt foncier et fournissaient, pour la plus grande part, la nourriture de Rome et de l'armée; puis, elles se trouvaient dans une dépendance plus directe vis-à-vis du gouvernement impérial. Loin de garder leur autonomie, elles devaient se soumettre, à mesure qu'elles étaient conquises, à une charte (*formula provinciæ*) imposée, avec l'approbation du Sénat, par les généraux vainqueurs, et déterminant les conditions de l'obéissance (4). Un

(1) F. 12, Dig., *de Juridict.* — F. 15, § 39. — F. 17, § 2, Dig., *de Injuriis.* — F. 3, 6, pr. D., *de Cust. reor.*
(2) Walter, *Hist. du Droit crim. chez les Rom.*, p. 66.
(3) F. 1, § 4, Dig., *de Officio præf. urbis.*
(4) Tite Live, XLV, 17. — Appien, *Guerre civile*, II, 0.

gouverneur venait immédiatement se placer à leur tête pour les administrer.

Ce délégué du peuple fut, dès le début, un préteur. Ensuite, quand l'extension des *quæstiones perpetuæ* eut nécessité la concentration dans la Ville de tous les magistrats de cet ordre, on prorogea à la fin de leur année d'exercice les pouvoirs des préteurs, pour les envoyer gouverner les provinces, en qualité de propréteurs (*pro prætore*). De semblables missions furent confiées à des consuls sortant de charge, et comme ils partaient *pro consule*, on les appela des proconsuls. Les uns et les autres, propréteurs et proconsuls, jouissaient de prérogatives également étendues; seulement, les premiers étaient moins élevés en dignité que les seconds. Ceux-ci avaient droit à plus d'honneurs, à une garde militaire plus nombreuse, à un plus riche traitement; au fond, tous possédaient la même autorité. Revêtus du *merum imperium* ou *jus gladii*, c'est-à-dire d'une puissance souveraine, ils réunissaient en leurs seules mains les attributions des divers magistrats de Rome, commandaient les armées, dirigeaient toutes les branches de l'administration, disposaient sans appel de la vie des soldats et des provinciaux (1); mais ils ne pouvaient ordonner que l'emprisonnement des citoyens domiciliés dans la province, lesquels demeuraient exclusivement justiciables des tribunaux de la Cité.

A côté des *Præsides provinciarum* se trouvaient

---

(1) F. 7, § 2. — F. 8, 9, 10., Dig., *de Officio præsid.*

6

des *questeurs* qui remplissaient l'office des *édiles* à Rome, en même temps qu'ils étaient les trésoriers de la province (1). Ils répondaient de leur gestion devant le Sénat, et c'est à cette Assemblée qu'à l'expiration de leurs fonctions ils venaient rendre compte. Comme, d'ailleurs, la province étendait en général fort loin ses limites, les Présides avaient des lieutenants (*legati*) qui les suppléaient dans les opérations auxquelles ils n'auraient pu se consacrer eux-mêmes (2). Toutefois, le *jus gladii* étant intransmissible, à moins d'une disposition expresse de la loi, le lieutenant ne recevait que le pouvoir d'instruire la cause, de mettre la procédure en état. Tout au plus connaissait-il de quelques délits peu importants. Aux gouverneurs seuls appartenait la haute juridiction criminelle (3). Longtemps ils parcoururent le territoire soumis à leur autorité, tenant des assises dans les principales villes. Ce n'est qu'après l'abolition des *quæstiones perpetuæ* et l'accroissement du nombre des juges inférieurs, qu'ils se fixèrent au chef-lieu de la province pour y constituer un tribunal sédentaire. Ils siégèrent sur une chaise curule, entourés d'assesseurs, assistés de scribes et d'huissiers.

Nous n'avons jusqu'à présent décrit que l'orga-

(1) Gaïus, I, 6.

(2) F. 4, § 6. — F. 5, 6, pr. — F. 10, § 1, 11, 12, 13, 15, *de Officio præsid.*, Dig.

(3) F. 1. pr. et § 1, Dig., *de Officio procons.* — F. 4, 6, pr., *de Officio procons.* — F. 70, Dig., *de Reg. juris.* — F. 11, Dig., *de Officio procons.*

nisation des provinces du peuple. Près d'elles se trouvaient celles de César. On n'ignore pas, en effet, que, tandis que sous la République le sol provincial entier relevait de la nation même, dès Auguste, il fut distribué en deux lots dont l'un, celui qu'occupaient encore les troupes, fut réservé à l'Empereur. Dans la suite, toutes les conquêtes nouvelles firent partie du domaine impérial. Pour le gouvernement de toutes les régions qui dépendaient de lui, le Prince choisit des lieutenants (*legati Cæsaris*) qu'il investit d'attributions pareilles à celles que le Sénat conférait aux propréteurs et proconsuls. Il leur adjoignit, comme administrateur des finances, non pas des questeurs, mais des fonctionnaires spéciaux qui prirent le titre de *procuratores Cæsaris* et reçurent une sorte de juridiction fiscale. Parfois même ils dirigèrent de petites provinces, et, c'est en cette qualité que Ponce-Pilate gouvernait la Judée, lorsqu'il condamna Jésus. Au reste, cette contrée, que nous mentionnons par occasion, offrait une autre singularité. Contrairement à la règle d'après laquelle la suprême juridiction criminelle ne pouvait être exercée, chez les nations domptées, que par un magistrat de Rome, on y souffrait que le Grand-Prêtre fît arrêter et traduire devant le Sanhédrin quiconque avait outragé la religion juive. Néanmoins nulle condamnation capitale, prononcée suivant les lois du pays, ne pouvait être exécutée que sous la sanction et avec l'ordre du gouverneur romain.

Ainsi, dans les terres conquises, à côté des agents

du peuple se trouvaient les agents de César. En
réalité, ce dernier commandait à tous. Armé de l'autorité proconsulaire, au sommet de la hiérarchie,
l'Empereur dominait l'ensemble des magistrats, tant,
ceux qu'il désignait lui-même (*legati Cæsaris*) que les
anciens officiers républicains nommés par le Sénat
(*proconsules*). Et cela explique parfaitement comment, de bonne heure, et à mesure que se réalisèrent
les idées de centralisation du système impérial, put
disparaître la distinction d'abord très marquée des
deux classes de fonds extra-italiques. On vit aussi
peu à peu s'effacer les différences qui séparaient
l'Italie des provinces. L'impôt foncier atteignit les
Italiens, comme il avait toujours frappé les Provinciaux, et leur territoire fut divisé en cinq districts
administrés, à l'instar des provinces, par des officiers
de l'Empereur, décorés du nom de *consulares* et plus
tard de *juridici*. Seule, la section qui comprenait Rome
demeura soumise à la juridiction du préteur Urbain.
Notons, en passant, que le droit de justice, retenu un
certain temps par le Sénat, comme attribut de son
droit à l'administration extérieure, cessa d'exister en
présence du pouvoir d'évocation du Prince, qui devint
envahissant à l'excès.

A l'époque de Constantin, la suprême autorité en
matière pénale appartenait aux *præsides* dans les
provinces, et en Italie, aux *correctores* ou *consulaires
des régions*; les délits légers furent laissés à la juridiction des magistrats municipaux; enfin, on donna
des pouvoirs criminels plus restreints aux *defensores*

civitatum, fonctionnaires créés exclusivement, d'abord, pour défendre les villes des provinces contre les malversations et la tyrannie des lieutenants impériaux. Ils n'obtinrent primitivement qu'un mandat temporaire, puis on les maintint en charge d'une façon permanente pendant cinq ans, et, sous Justinien, pendant deux années seulement. Leur rôle était plutôt de protéger que d'agir en vue de la répression. Ils saisissaient les malfaiteurs pour les envoyer au lieutenant impérial, mais ils ne pouvaient les jeter en prison (1). Leur devoir était même de faire partir l'accusateur en même temps que l'accusé pour le chef-lieu de la province. Les pièces recueillies, les procès-verbaux, le résultat des enquêtes accompagnaient cet envoi. Une constitution d'Arcadius et d'Honorius énumère quelques délits de peu d'importance dont la connaissance fut attribuée à ces magistrats, et montre combien était humble le degré qu'ils occupaient dans l'échelle judiciaire (2).

Telles sont les autorités qui administrèrent la justice criminelle hors de Rome. Au-dessus des *clarissimi (præsides provinciarum)* et des *consulares* étaient les *judices sacri*, avec le titre de *illustres*, qui décidaient en second ressort, ainsi que nous allons le voir.

(1) F. 1, 4, 5, Code, *de Defensorib.* -- F. 22, Code, *de Episcop. audient.*
(2) F. 6, D. *de Accusat.* -- F. 8, Code, Théod., *de Jurisd.*

CHAPITRE II

De la Procédure.

Dans toutes les villes qui avaient gardé leur droit propre, leur constitution, les magistrats municipaux durent statuer, au criminel et dans la limite de leur compétence, conformément aux lois locales. Ailleurs, il fallut presque absolument suivre la loi romaine. Les formes que nous avons vues adoptées devant les commissions permanentes étaient d'un usage à peu près général devant le gouverneur de la province et le Conseil qu'il se choisissait au sein du *conventus* (réunion solennelle pour les assises). Toutefois la sentence n'émanait pas de l'ensemble du tribunal ; elle était rendue par le président seul, qui avait sans doute égard à l'opinion de la majorité. Il en fut de même sous l'Empire où les assesseurs du Préfet de la Ville et des gouverneurs n'eurent jamais que voix consultative. A cette époque, le Préside devenu représentant du Prince hors de la Cité, prétendit juger comme lui, et, lorsque ce dernier abandonna la procédure vieillie des *quæstiones perpetuæ*, il n'hésita pas à l'imiter et à créer à son tour une *cognitio extraordinem*. Il connut seul du fond des procès et prononça directement la peine. Puis, comme César, il s'entoura d'un conseil destiné à le soulager dans l'instruction et à l'aider de ses lumières : seulement, les membres qui le composaient appartenaient à un ordre de juges assez inférieurs, comme d'ailleurs leur nom l'indique : on les appelait *judices pedanei* (1).

Ainsi les formalités anciennes étaient déjà délaissées quand survint, en 294 de J.-C., la fameuse constitution de Dioclétien qui, abolissant *l'ordo judiciorum*, prescrivit aux gouverneurs des provinces de connaître par eux-mêmes de toutes les causes qui seraient portées devant eux. La *cognitio extra ordinem* devint la règle. Jusque-là tous les actes avaient été publics, l'instruction entièrement orale; on ne gardait aucune trace des recherches, des investigations auxquelles on s'était livré; dès lors, on vit se restreindre le débat oral, la procédure écrite s'introduire de plus en plus dans les jugements, et l'usage de l'écriture, se répandant partout, devenir même une nécessité, dès qu'il fut possible d'attaquer devant une juridiction supérieure la décision des premiers juges.

On avait permis, en effet, de l'extrémité des provinces d'en appeler à l'Empereur; et ce pouvoir de révision, le Prince se l'attribua d'abord exclusivement. Bientôt, cependant, les affaires étant devenues plus nombreuses, il se fit assister, pour la connaissance des appels, de fonctionnaires importants (*judices sacri*) qu'il déléguait dans les diverses parties de l'Empire. Avec le temps, il se dessaisit entre les

(1) F. 2 et 5, Code, *de Pedan. judic.*

mains de magistrats supérieurs (illustres) de la compétence qu'il s'était encore réservée (1).

Nous avons montré plus haut les magistrats municipaux, les défenseurs des cités servant utilement d'auxiliaires à l'action de la justice répressive. Ils procédaient à l'interrogatoire provisoire des individus accusés et les envoyaient au chef-lieu de la province (2). Nous ne serions pas complet si nous ne mentionnions certaines autres catégories de personnes investies de fonctions analogues, les *curiosi* et les *stationarii*.

On appelait *curiosi* des gens que l'on chargeait d'inspecter les provinces, de les parcourir d'un bout à l'autre, afin de relever et de signaler ensuite à l'Empereur les abus qu'ils y rencontraient. Il leur était défendu de jeter un prévenu en prison; tout ce qu'ils pouvaient faire, c'était de le dénoncer aux tribunaux, et, encore, demeuraient-ils responsables de la fausseté de leurs déclarations (3).

(1) F. 6, § 8 et 9, *de Injusto, rupto, irrito*, etc. Dig. — F. 1, pr. Dig., *Quando appell.* — F. 32, pr. Code, *de Appell.* — F. 32, § 8; F. 37, 39, § 2, *ibid.*
Que devint, en Gaule, la juridiction d'appel des lieutenants impériaux après l'invasion des Barbares? Elle dut passer entre les mains des comtes germains, les vainqueurs ayant sans doute conservé de l'organisation romaine tout ce qui était compatible avec leur propre constitution. — Voir, au sujet de l'influence de la conquête germanique sur l'organisation judiciaire des Romains, de Savigny : *Histoire du Droit romain au Moyen-Age*, t. I, p. 195 et suivantes.

(2) F. 22, pr., Code, *de Episcop. audient.* — F. 7, C., *de Defensorib.*, I, 55.

(3) Code Théod., *de Agent. in reb.* — F. 1, 8, *de Curiosis.* — F. 1, Code, *de Curiosis et Stationariis.*

Les *stationarii* remplissaient probablement ce même rôle d'officiers instructeurs sans se déplacer.

Ajoutons que les évêques, dont l'influence n'avait cessé de grandir depuis Constantin, reçurent au vi⁰ siècle, de l'empereur Justin, la mission de surveiller les prisons et la marche de la procédure. Ils devaient révéler toutes les infractions, tous les manquements aux lois, qu'ils découvriraient dans les formalités suivies (1).

C'était une satisfaction donnée aux nouvelles doctrines religieuses, reposant sur des idées d'égalité morale et de fraternité, que ce soin confié aux évêques de visiter les prisonniers et de s'enquérir exactement de leur sort. C'était, en même temps, le signe du triomphe des sentiments d'humanité et de justice sur les instincts bas et grossiers qui avaient toujours servi d'appui au despotisme des Princes. Longtemps la philosophie stoïcienne, représentée par les plus éminents jurisconsultes de Rome, et prenant, elle aussi, pour base la conscience humaine et les nobles aspirations vers le bien, avait opiniâtrement lutté contre les funestes tendances du gouvernement impérial. Elle n'avait pu les réduire. Il fallut la divulgation de notions morales plus élevées encore, il fallut l'enseignement chrétien. Cet enseignement fut donné, et, après trois siècles de lutte, le vieux monde païen en ruine se sentit dominé par ces magnifiques doc-

(1) F. 7, Code Théod., *de Cust. reor.* — F. 22, Code, *de Episcop. audient.*

trines, remplies de consolation et de soulagement pour toutes les douleurs morales. Le vide se fit autour des anciens dieux; et l'Evangile, porté au trône avec les empereurs chrétiens, vint exercer de là sa bienheureuse influence, imprimant une direction nouvelle à la vie de l'humanité.

DROIT FRANÇAIS

DU DROIT DE SUITE DES CHOSES MOBILIÈRES

Le droit de propriété est le droit le plus étendu,
le plus complet que l'on puisse avoir sur une chose.
S'il confère, d'une part, la faculté d'user, de jouir, de
transformer, de détruire même, il permet, d'autre
part, de réclamer énergiquement l'objet sur lequel
il porte, entre les mains de tout détenteur qui pré-
tendrait s'opposer à l'exercice de ces diverses prérogatives. Cela, toutefois, parfaitement exact en principe, cesse de l'être dans certains cas particuliers. Il
arrive souvent que le propriétaire se voit privé de
l'un des apanages les plus considérables de son droit,
la revendication: c'est lorsqu'il s'agit d'une chose
mobilière qu'un tiers de *bonne foi* possède en vertu
d'une *juste cause d'acquisition*. On ne peut dépouil-

ler ce dernier en aucune manière, fit-on d'ailleurs la preuve la plus manifeste, la plus éclatante de son droit. Ainsi l'a voulu le législateur, non par arbitraire ou pur caprice, mais en obéissant à des motifs légitimes, à des considérations tout-à-fait raisonnables et sérieuses, comme nous le démontrerons plus loin.

Ce n'est pas seulement en matière de *droits réels*, dont la propriété est le type, que le législateur a mis obstacle à la poursuite des choses mobilières; c'est aussi en matière de droits *de créance*. Tant qu'un meuble sera retenu par le débiteur, il demeurera affecté en gage au créancier, car nul ne s'oblige lui-même sans obliger en même temps la totalité de ses biens. Mais que ce meuble vienne à passer en des mains étrangères, qu'il cesse de résider dans le patrimoine de celui qui a contracté la dette, et aussitôt s'évanouit cette espèce de nantissement tacite qui existait au profit du créancier, sans qu'il soit au pouvoir de celui-ci de le ressaisir par une action, même rapide, dirigée contre le présent détenteur. C'est qu'en effet, dans notre droit, il n'y a pas d'hypothèques pour les meubles, et, en exista-t-il, elles resteraient absolument inefficaces quant au droit de suite, par application de notre première règle, à savoir, qu'on ne peut utilement agir contre le possesseur de bonne foi, qui représente un juste titre.

Le résumé de tout ce qui précède est dans la formule suivante : *Meubles n'ont pas de suite*, maxime traditionnelle dans nos pays coutumiers et dont l'origine est toute nationale. Chez les Romains, on pouvait aisément revendiquer les meubles, la propriété de ces objets ne s'acquérant, d'abord, que par un an de possession de bonne foi, puis, lors de l'introduction de la *præscriptio longi temporis* par dix ans entre présents et vingt ans entre absents, enfin, dans le dernier état du droit, sous Justinien, par trois années de possession consécutive. Nos anciens jurisconsultes s'écartèrent de ces données, et s'ils ne rejetèrent pas toute idée d'usucapion en matière mobilière, du moins ils n'acceptèrent qu'une prescription sans laps de temps, une prescription *instantanée*, c'est-à-dire acquise par le seul effet de la possession. Il importe donc de rechercher dans l'ancienne jurisprudence la valeur de la règle : *Meubles n'ont pas de suite.* Nous verrons comment la comprirent nos auteurs coutumiers, comment ils l'appliquèrent, quelles dérogations ils lui firent subir. Comme eux, nous l'étudierons d'abord vis-à-vis du propriétaire, puis au regard des créanciers.

LIVRE PREMIER

Du Droit de suite des choses mobilières dans notre ancien Droit français

CHAPITRE PREMIER

Droit de suite au regard du propriétaire.

SECTION PREMIÈRE

Exposé de la règle. — Sa formule. — Son fondement.

Meubles n'ont pas de suite, c'est-à-dire, celui qui a perdu la possession d'un meuble n'a pas d'action pour la recouvrer, telle est la règle universellement admise dans notre ancien Droit coutumier.

Si nous ouvrons les Recueils du xive siècle, surtout les *Coutumes notoires du Châtelet de Paris*, nous l'y trouvons nettement formulée. Les *Décisions de Jean des Mares* la reproduisent également, avec cette précision, qu'il faut que le détenteur actuel de l'effet mobilier ait juste titre et bonne foi. C'est, nous dit-on, une coutume reçue en la vicomté de Paris, et qui, de plus, est *notoire*, c'est-à-dire, non pas seulement attestée de quelques praticiens isolés, mais reconnue et acceptée par tous. La Coutume du Berry, à son tour, ne reconnait que des actions personnelles pour les meubles, et déjà, au xiii° siècle, de Fontaines, dans son *Conseil*, déclarait que nul ne saurait être admis à réclamer sa chose entre les mains d'un tiers, en se fondant uniquement sur le droit de propriété, en le prouvant même au besoin, car les meubles n'ont pas de suite; ils ne peuvent être l'objet d'aucune revendication. Sitôt perdus, sitôt gagnés.

Instantanément, en effet, se perd et s'acquiert la saisine d'un meuble. L'individu dépossédé est immédiatement dépouillé de tous droits et actions relatifs à la chose, comme aussi le nouvel acquéreur se trouve aussitôt investi, vis-à-vis d'elle, du pouvoir le plus absolu. Cela, cependant, à une double condition, savoir, que ce tiers possesseur puisse invoquer un juste titre et ne reste pas convaincu de mauvaise foi.

A cet égard, de curieuses applications nous sont fournies par les Coutumes. On suppose un orfèvre qui, ayant des bijoux et désirant les faire vendre, les confie dans ce but à un commissionnaire, appelé *courtier* ou *couratier*. Celui-ci, au lieu de se mettre directement en quête d'un acheteur, livre les objets précieux, avec mission d'en opérer la vente, à un second courtier qui ne rapporte, au jour fixé, ni bijoux, ni prix provenant d'une aliénation. Que fera le

propriétaire, l'orfèvre? Sera-t-il privé de tout droit
de poursuite? Nullement, s'écrie-t-on. La revendication restera en ses mains, puisque la possession du
présent détenteur n'est qu'une possession précaire,
qui ne repose pas sur une juste cause d'acquisition.
De même, s'il y avait mauvaise foi. Le possesseur ne
pourrait davantage opposer la maxime : *Meubles n'ont
pas de suite.* Soit, par exemple, un faucon trouvé
qu'on se propose de vendre. Il porte les marques de
la domesticité. L'acheteur se montrera tout au moins
coupable de légèreté ou d'imprudence, s'il ne tient
aucun compte de ces indices. Aussi la revendication sera-t-elle, en ce cas, donnée sans peine contre
lui.

Tels sont les résultats auxquels on arrive, quand le
juste titre ou la bonne foi font défaut. Mais lorsque
ces éléments concourent sur la tête du possesseur, il
devient irrévocablement maître de la chose, dès l'instant même de la prise de possession. En sorte qu'il y
a cette différence entre les immeubles et les meubles,
que l'usucapion des premiers nécessite une possession prolongée pendant un certain temps, tandis que
c'est sans condition de durée que s'opère la prescription des meubles. Elle est instantanée; et de là
l'art. 2279 du Code civil : « *En fait de meubles, possession vaut titre*, » dont Bourjon, commentateur de
la Coutume de Paris, avait déjà, dans l'ancien Droit,
donné la formule, et qui signifie qu'en principe on
ne revendique pas les meubles, la présomption qui
protége le possesseur étant invincible, non suscep-

tible d'être combattue ou détruite par la preuve contraire.

Il convient de se demander quel est le fondement d'une semblable règle, pourquoi il n'y a pas de revendication des meubles.

Les uns ont dit : c'est parce que, dans notre vieille France, les meubles étaient fort peu considérés; on les jugeait indignes de faire l'objet d'une juste affection de famille. Et à l'appui de cette assertion, on cite le fameux adage : *Mobilium vilis abjectaque possessio,* qu'Imbert prétend avoir tiré du fragment 47, Dig., *de adq. rer. posses.* Mais, comment rapporter notre maxime au Droit romain qui, on le sait, permettait la revendication des meubles? Ce serait une inconséquence. Aussi, tournant ailleurs leurs investigations, d'autres, un peu plus tard, ont cru trouver le vrai motif de la règle dans la faveur due aux transactions commerciales, dont la sécurité serait compromise, si le maître d'un effet mobilier, vendu par un non propriétaire, pouvait le retirer d'entre les mains d'un acquéreur de bonne foi. Cette raison très légitime, sans doute, pour une époque où le commerce a pris une grande extension, perd toute sa valeur, si l'on songe que c'est justement dans une période où les relations entre négociants étaient fort peu développées, au XIVe siècle, que fut proclamée avec le plus d'ardeur la maxime : *Meubles n'ont pas de suite.* Il faut, de toute nécessité, chercher autre part la solution, et remonter pour cela jusqu'au XIIIe siècle. Alors on commence à distinguer le pos-

7

sessoire du pétitoire, en ce qui touche les immeubles, mais on n'établit rien de pareil pour les meubles. Qui les possède en est propriétaire, qui perd leur possession en perd en même temps la propriété. D'où il suit que l'acquéreur nouveau obtient d'un coup tout ce dont est frustré le possesseur ancien, l'ensemble des droits et actions relatifs à la chose, ou, pour mieux dire, la *saisine*. On est ainsi conduit à affirmer que la formule : *Meubles n'ont pas de suite*, se rattache à l'idée d'une confusion constamment maintenue dans l'ancienne jurisprudence entre le possessoire et le pétitoire, confusion qui amenait le possesseur à cumuler sans délai sur sa tête les nombreux avantages que procure le droit absolu de propriété.

Cela posé, deux dérogations se présentent à la défense de suivre les meubles. Leur importance est telle, qu'elle exige des développements particuliers.

SECTION II

Exceptions à la règle : « Meubles n'ont pas de suite. »

Il peut arriver, disons-nous, qu'un objet mobilier soit au pouvoir d'un tiers le possédant de bonne foi et avec juste titre, sans que, néanmoins, ce tiers puisse être regardé comme propriétaire. Cela se produira toutes les fois qu'il s'agira : 1° d'une chose volée, enlevée par violence ou par ruse ; 2° d'une chose perdue, égarée. Le véritable maître dépossédé con-

servera alors la faculté de reprendre son bien en
quelques mains qu'il se trouve.

Le motif de cette double dérogation est parfaitement légitime. D'une part, en effet, le vol ne saurait
être consacré comme source de droits. Ce serait encourager les malfaiteurs que de leur ménager les
moyens de se défaire aisément du fruit de leurs larcins, en ôtant la revendication au vrai propriétaire.
Si une faute a été commise, c'est plutôt du côté du
tiers acquéreur, qui devait s'informer de la provenance de la chose, de la moralité du vendeur, que du
côté de la personne volée, laquelle s'est trouvée victime d'un événement contre lequel il lui était à peu
près impossible de se prémunir.

Dans l'hypothèse d'une chose égarée, d'autre part,
l'exception se justifie facilement encore, lorsqu'on sait
que, d'après nos Coutumes, quand un individu décou-
vrait une chose sur un chemin public, il était obligé
de la rapporter au juge du lieu, afin que des publica-
tions fussent faites, et qu'il pût s'élever des réclamations. Quiconque ne se conformait pas aux injonctions
de la Coutume était assimilé à un voleur, et l'on répu-
tait son complice celui qui consentait à traiter avec
lui. Ces notions tirées de *Beaumanoir* et du *Livre de
jostice et de plet* permettent de comprendre pourquoi
l'on tolérait, en de pareilles circonstances, la revendication des effets mobiliers.

Des explications que nous venons de fournir il résulte, que la maxime : *Meubles n'ont pas de suite*,
ne s'applique qu'autant que la chose est sortie de chez

le propriétaire par sa propre volonté ; lorsque, par
exemple, il l'a remise à un emprunteur, à un locataire, à un dépositaire ou à un créancier gagiste.
Alors si elle vient à être vendue par l'une de ces personnes dont il avait suivi la foi, il ne pourra évincer
l'acheteur qui l'aura acquise ; lui seul supportera la
perte. Il s'est rendu coupable d'une faute, en accor-
dant sa confiance à qui ne la méritait pas. De Fontaines confirme tout cela, en remarquant qu'il ne suffit
pas au propriétaire, pour obtenir un meuble retenu
par un étranger, de prouver qu'il lui appartient ; il
faut encore qu'il démontre que le meuble est sorti de
sa possession contre son gré, qu'il l'a égaré ou qu'on
le lui a pris. Il n'encourt plus alors le reproche de
négligence, le vol et la perte étant des cas fortuits
que subissent parfois les gens les plus actifs et les
mieux avisés.

Ainsi, la chose perdue ou volée pourra être réclamée en tous lieux. Durant combien de temps ? Sur
ce point, les Coutumes varient. En cas de perte, le
plus long délai accordé est d'un an (1); en cas de vol,
il est tantôt de cinq ans (2), tantôt, mais rarement,
de vingt ans, et le plus souvent de trois ans (3). Cette
durée de trois ans est la même que celle qu'admettaient
les Romains pour la prescription de toutes choses mobilières autres que les *res furtivæ*, lesquelles n'étaient
point susceptibles d'usucapion.

(1) Ex. Cout. de Normandie, d'Orléans.
(2) Ex. Cout. de Bretagne.
(3) Ex. Cout. d'Anjou, Maine, Tourraine, Clermont, etc.

C'est à tort que certains de nos anciens jurisconsultes, Bretonnier notamment, paraissent exiger le délai de trois ans pour prescrire les meubles, lors même qu'il ne s'agit pas de choses volées ou perdues. Ils oublient, en écrivant de la sorte, la maxime : *Meubles n'ont pas de suite.* Les textes généraux qui semblent leur servir d'appui ne spécifient, c'est vrai, ni le vol, ni la perte, mais on doit les interpréter d'une façon raisonnable, en ce sens que, si la prescription de trois ans est applicable, elle l'est seulement dans les cas où l'usucapion est possible en matière mobilière, c'est-à-dire, lorsqu'il y a eu perte ou vol.

§ 1. — *Nature de l'action accordée dans les cas d'exception.*

Une des questions les plus intéressantes du sujet est celle qui s'offre à nous maintenant, et qui consiste à rechercher quelle est la nature du droit du propriétaire contre le détenteur de la chose soustraite ou égarée. Est-ce un véritable droit de revendication? N'est-ce qu'une action personnelle? Et d'abord, exposons le procédé à l'aide duquel la personne dépossédée parviendra à triompher dans sa demande. Ce pourra être pour nous un élément de solution.

Lorsqu'on veut regagner la possession perdue d'un meuble, nous dit Loysel, il faut recourir à la procédure *d'aveu et de contr'aveu*, procédure généra-

lement suivie aux xiiiᵉ et xivᵉ siècles, et qui se conserva longtemps dans certaines contrées (v. g. le
Poitou, l'Orléanais).

Voici en quoi elle consistait :

Le maître de la chose perdue ou volée, qui sur-
prenait un tiers en flagrant délit de possession, som-
mait un sergent ou officier de justice de séquestrer
l'objet, affirmant que c'était là un bien sorti de ses
mains contrairement à toute volonté. De son côté,
le détenteur, ou bien contestait directement la réclamation de l'adversaire en niant chez lui le droit de
propriété, ou bien contr'avouait, c'est-à-dire, soute-
nait qu'il était personnellement devenu propriétaire
du meuble, comme l'ayant acquis par voie d'achat
d'un étranger. En face de ces affirmations contradictoires, le sergent retenait l'objet litigieux et assi-
gnait les contendants à comparaître à bref délai devant le juge. Là, les mêmes prétentions s'élevaient ;
mais le demandeur ayant fait la preuve de son droit,
on obligeait l'autre partie à désigner l'individu avec
qui elle avait traité, l'autorisant à le mettre aussitôt
en cause. Le garant appelé faisait, à son tour, intervenir celui dont il tenait ses droits, et on continuait
ainsi jusqu'à ce qu'on eût mis en présence le propriétaire dépossédé et l'inventeur ou l'auteur du larcin.
C'était là le but de la procédure d'aveu et de contr'aveu, but qui démontre suffisamment que l'action
concédée dans l'espèce, loin d'être une action réelle
qu'on eût pu diriger exclusivement contre le possesseur, n'était qu'une action personnelle dérivant du

vol ou d'une situation analogue au vol. On ne s'étonnera pas maintenant que, dans cette action, se trouve confondu le possessoire avec le pétitoire ; il s'agit, pour le propriétaire, de retirer son bien d'entre les mains d'un tiers condamné, à titre de voleur, non-seulement à la restitution, mais encore à l'amende de soixante sous d'or.

D'où l'on voit que les explications relatives à la procédure d'aveu et de contr'aveu jettent déjà quelque clarté sur la nature de l'action attribuée au maître de la chose. Ce qui achève d'apporter dans l'esprit une conviction qui ne laisse aucune place au doute, ce sont les considérations suivantes :

En principe, celui qui se présente comme propriétaire n'a, pour obtenir gain de cause, qu'une chose à prouver : son droit même de propriété. La revendication ne lui est accordée qu'en raison de la qualité qu'il invoque, et, si l'on juge sa prétention fondée, on le remet en possession sans qu'il soit astreint à fournir le moindre dédommagement à l'adversaire. Qu'importe la bonne foi de ce dernier ! Elle devient, en cette occasion, impuissante à modifier, dans la plus étroite mesure, les prérogatives du réclamant.

Mais dans l'hypothèse, au contraire, où l'on a devant soi une chose perdue ou dérobée, des résultats tout différents se produisent. C'est que, chez nos anciens auteurs, on ne se borne pas à imposer à la personne à qui est reconnu le droit de suite l'obligation de démontrer qu'elle est propriétaire : il faut qu'elle établisse encore la perte ou le vol de l'objet. De plus, la réclamation peut venir tant du maître lui-même que de tous ceux qui, simples détenteurs revêtus de la possession, avaient un intérêt évident à n'en être].as dépouillés : v. g. l'emprunteur, le dépositaire, le locataire, le gagiste, les mêmes auxquels il n'appartiendrait pas d'intenter une revendication véritable. Enfin, tandis que le maître de la chose, qui la reprend par l'exercice de son action réelle, ne doit au tiers qu'il dépossède aucune indemnité, car *nemini injuriam facit qui suo jure utitur*, celui qui entend être rétabli en possession d'un effet mobilier est contraint, dans certaines circonstances, de réparer le préjudice que souffre la personne évincée. Celle-ci avait-elle acquis l'objet dans une foire, dans un marché ou d'un marchand vendant d'ordinaire des choses pareilles, il est impossible d'agir en répétition contre elle, à moins de la dédommager par le remboursement du prix d'acquisition. On tient compte de la bonne foi; en sorte que, si le prix se trouve égal à la valeur même du meuble, il ne restera aux mains du propriétaire qu'une sorte d'action en retrait, de faculté de rachat.

Concluons donc qu'en matière mobilière l'action donnée contre les tiers, pour assurer le droit de suite, n'est autre qu'une action purement *personnelle*, *ex delicto* ou *quasi ex delicto*, fondée sur la négligence ou le fait coupable d'autrui.

Tout ce que nous venons de signaler se trouve consacré par nos vieux coutumiers et confirmé par la jurisprudence des Parlements. La règle est qu'on ne

peut pas suivre les meubles, sauf dans les cas de
perte et de vol. Encore ici faut-il qu'on ne les ait pas
achetés dans quelque lieu public ou d'un marchand
ayant l'habitude de commercer sur des choses pareilles. La *Coutume de Beauvoisis*, les *Établissements
de Saint-Louis*, les *Assises de la Haute Cour* s'accor-
dent sur ce point. De la lecture de ces ouvrages il
résulte, en outre, que la voie de recours accordée à
celui qui se plaint d'une dépossession ne saurait jamais être qu'une action *personnelle*.

§ 2. — *Origine de cette action.*

L'ensemble des principes exposés ci-dessus se rencontre dans le droit germanique. Ce droit prenait de
grandes précautions contre les voleurs. Il était enjoint
à tout acquéreur d'un meuble de s'informer avec soin
de la provenance de l'objet, du domicile et de l'honorabilité de son co-contractant. Nul ne devait acheter une chose d'un inconnu, sous peine d'être réputé
voleur sur la réclamation du propriétaire. (Capitu-
laire de l'an 808, chap. III.)

La loi salique, au titre : *De Filtortis*, et les autres
lois des peuples d'origine germanique (Francs, Ri-
puaires, Bavarois, etc.), organisent sous un nom différent (*Intertiatio*), la procédure d'aveu et de contr'aveu. On fixe les délais dans lesquels doit agir le
propriétaire de l'effet dérobé ou perdu, et ceux don-
nés à l'acquéreur pour appeler garant en cause. On

ne distingue pas si la chose qui fait la matière du litige est inerte ou animée; il suffit qu'elle soit mobilière. Le tiers, ne pouvant indiquer son garant, sera traité comme voleur et contraint, à ce titre, non-seulement à restituer, mais encore à payer une condamnation pécuniaire (*Fredum*). S'il dé once celui duquel il tient l'objet, on presse à nouveau ce dernier de dévoiler son propre auteur; et ainsi, de proche en proche, on parvient à mettre face à face le coupable du vol et la personne dépouillée. De sorte que cette procédure est absolument identique à celle qui fut suivie plus tard dans nos pays de Coutumes. Les lois des Lombards et des Visigoths la reproduisent, en mentionnant après la dérogation à la maxime : *Meubles n'ont pas de suite*, l'exception de l'exception, c'est-à-dire, le cas où le meuble a été légalement acquis sur une place ou un marché, d'un vendeur de choses pareilles. On comprend que de tels procédés fussent usités dans le droit germanique, car la possession et la propriété des meubles y formaient un seul tout : on ne les avait pas séparément réglementées.

Ces données se maintinrent dans notre ancienne France et passèrent en divers pays, régis également par les mœurs des Germains, spécialement en Souabe et en Saxe. Là se pratiqua la procédure de *mit Anefang* ou *Anevang*, en tout point semblable à celle d'aveu et de contr'aveu. Le droit de suite fut consacré pour le propriétaire, victime d'une perte ou d'une soustraction, mais formellement dénié à quiconque avait imprudemment abandonné sa chose à

un homme sans loyauté, qui s'était empressé de la
vendre.

Voilà les règles du droit allemand primitif, telles
qu'elles sont consignées dans le *Miroir de Saxe.*
Toutefois, le *Miroir de Souabe*, les considérant
comme trop rigoureuses vis-à-vis du propriétaire, a
jugé à propos d'y apporter un adoucissement. Il
tolère une réclamation directe contre le détenteur,
lorsque l'insolvabilité de la personne dont on avait
suivi la foi est ouvertement constatée.

En Allemagne, comme en France, on a vivement
débattu la question de savoir si, dans l'action donnée
contre le détenteur d'une chose volée ou perdue, on
doit voir une action réelle plutôt qu'une action personnelle. Des divergences se sont produites parmi
les jurisconsultes. Les uns ont soutenu que c'était
une revendication proprement dite ; nous avons plus
haut démontré la fausseté de cette thèse, en faisant
ressortir que l'action était accordée à quiconque
souffrait de la dépossession, et non pas seulement au
maître légitime. Aussi, d'autres ont-ils voulu prétendre que, dans l'espèce où l'objet mobilier se trouvait au pouvoir d'un détenteur précaire après une
perte ou un vol, un conflit s'élevait entre deux droits
rivaux, celui du possesseur et celui du propriétaire,
et que, dans un pareil conflit, le premier des deux
l'emportait. Voilà pourquoi l'action réelle se trouverait ici primée par l'action personnelle. Mais cette
solution n'est pas moins arbitraire que celle qui
s'offre à nous en troisième lieu, et crée, de sa propre

autorité, à côté de la saisine d'an et jour, une saisine spéciale au profit des simples détenteurs précaires, saisine d'où naîtrait pour eux la faculté de suivre, entre les mains des tiers, les meubles égarés ou soustraits.

A tous ces systèmes il manque une base sérieuse. La seule opinion acceptable est celle de Walter, qui ne voit dans l'action ouverte à l'individu dépouillé que l'exercice d'un droit personnel et nullement d'un droit réel. C'est là aussi, nous l'avons indiqué, ce qu'admettaient nos anciens jurisconsultes. Cependant, à partir du XVIᵉ siècle, ils commencent à faire un très fréquent usage du terme *revendication* appliqué à l'action qui nous occupe. Au XVIIIᵉ siècle, Bourjon, l'auteur de la formule de l'art. 2279 du Code civil, ne parle que de revendiquer. De là cette conséquence que, si nous désirons résoudre aujourd'hui le problème, en consultant l'origine la plus rapprochée, et non la plus lointaine, des dispositions qui nous régissent, nous serons contraints de proclamer qu'à l'époque actuelle c'est un droit de revendication véritable dont la loi arme le propriétaire, contre celui qui voudrait profiter de la perte ou du vol. Mais les développements à cet égard pourront venir plus tard; pour le moment, il importe, après avoir examiné la portée de la règle au regard du propriétaire, de l'envisager au point de vue des créanciers.

CHAPITRE II

Droit de suite au regard des créanciers.

Nous avons vu, jusqu'à présent, la revendication
interdite au maître d'une chose passée à juste titre
entre les mains d'un tiers de bonne foi. Supposons-
nous désormais en face d'un simple créancier; la
maxime : *Meubles n'ont pas de suite*, recevra son
application à plus forte raison encore. En effet, outre
que, dans notre ancienne jurisprudence, on défend
d'hypothéquer les meubles, ce qui met de ce chef
les tiers à l'abri de tout droit de poursuite, il existe
une raison décisive pour enlever au créancier la
faculté de réclamer le bien sorti des mains du débiteur; c'est qu'il n'a que la qualité d'ayant-cause de
ce dernier, et que, par conséquent, il ne saurait jouir
de plus larges pouvoirs que lui. Nul ne peut transmettre à autrui plus qu'il ne possède lui-même.

La règle, à ce sujet, est posée dans la *Somme
rurale* de Boutillier. Le droit d'un créancier sur les
meubles de son débiteur devient absolument ineffi-
cace, dès que ces meubles sortent de la possession de
l'obligé. Nous savons, au contraire. que l'hypothèque
des meubles était à Rome parfaitement licite. Mais
tous les coutumiers du xive siècle, les rédactions

postérieures de nos usages nationaux, sans excepter la *Coutume de Paris*, répètent à l'envi : *Meubles n'ont pas de suite par hypothèque*. Et bientôt cette formule, ainsi spécialisée, se restreint au droit de poursuite envisagé par rapport aux créanciers ; quand il s'agit du propriétaire lui-même, on dit mieux : *En fait de meubles, possession vaut titre.*

L'exception confirme la règle : si nous avons trouvé des dérogations au principe posé dans le premier chapitre, rien d'étonnant qu'il s'en rencontre également ici. Nous en citerons deux, tirées l'une et l'autre de la *Coutume de Paris*.

SECTION PREMIÈRE

Première exception (art. 171, Cout. de Paris).

La première exception est relative à l'hypothèse où un locataire ou fermier emporte hors des locaux loués les objets mobiliers destinés à garnir la maison ou la ferme. Privé d'un gage fort utile, le bailleur ne sera point pourtant dépourvu de tout moyen d'action pour ressaisir la garantie perdue. L'art. 171 de la *Coutume de Paris* prend en pitié son sort et lui donne le droit de suite. Il va de soi que ce n'est jamais une revendication qu'il exerce ; il faudrait pour cela qu'il fût propriétaire, et la propriété des meubles, dans l'espèce, réside uniquement sur la tête d'autrui. Ce qu'il demande, c'est le rétablissement de l'état antérieur, la quasi-possession qu'il avait gardée jusque-là et qui l'assurait du paiement intégral des loyers ou fermages. Remarquons qu'il ne pourra même se prévaloir, en aucune façon, de la faveur qui lui est faite, quand la chose aura passé, en vertu d'une juste cause, entre les mains d'un acquéreur de bonne foi. Aussi, l'art. 171, après avoir indiqué que « les propriétaires des maisons sises ès-villes et faubourgs, ou des fermes des champs, peuvent suivre les biens de leurs locatifs ou fermiers, » n'ajoute pas : « en quelques mains qu'ils passent, » mais simplement : « encore qu'ils soient transportés en d'autres lieux. »

Cette exception n'existait pas au XIIIᵉ siècle, comme le prouve la combinaison des alinéas 9, chapitre XXXVIII, et 17, chapitre XXXIX, des *Coutumes de Beauvoisis*. Beaumanoir observe que, tant que les meubles sont dans la maison ou dans la ferme, le bailleur peut les faire saisir et vendre pour exercer son privilége; mais que, s'ils ont été enlevés et emportés au loin, il ne reste plus au maître des locaux qu'une seule ressource : l'action personnelle en paiement du prix contre le locataire et ses cautions. Ainsi s'exprime encore le *Livre de jostice et de plet*.

Ce droit fut concédé au début, en signe de privilége, à des seigneurs, titulaires de censives, qu'ils donnaient à bail ou à ferme. Plus tard développé et généralisé, il constitua notre exception. Mais on n'arriva pas là d'un coup; et il résulte d'un passage du *grand Coutumier de Charles VI*, que ce n'est qu'avec peine qu'on introduisit cette disposition favorable au propriétaire. Quand, dit-il, les meubles sont sortis de la maison ou de la ferme, le bailleur perd tout pouvoir sur eux : il peut seulement obliger le fermier à payer les termes échus et à fournir des suretés nouvelles pour tous les termes à échoir. Que si les meubles ont été enlevés clandestinement et sans bruit, alors seulement il appartient au maître de les suivre partout où le locataire infidèle les aura transportés par fraude.

On hésita donc, dans le principe, à étendre sans restriction l'avantage créé d'abord pour quelques particuliers puissants. Mais une fois qu'il fut devenu applicable à tous, il se conserva jusqu'au moment où les rédacteurs du Code civil le consacrèrent dans l'art. 2102, § 1.

SECTION II

Deuxième exception (art. 176, Cout. de Paris).

La seconde exception est non moins remarquable que celle que nous venons d'étudier. L'art. 176 de la Coutume de Paris la contient.

On suppose un individu qui a vendu sans jour ni terme un effet mobilier, et l'a livré. Il en a par là même transmis la propriété à l'acheteur. Ce dernier devra payer le prix. Admettons qu'il ne le fasse pas, quel droit appartient au vendeur ? Un pur droit de créance, semble-t-il au premier abord. Mais on a considéré que l'ex-maître de l'objet ne s'en étant volontairement dessaisi que parce qu'il comptait être sans retard satisfait, il y aurait injustice à l'empêcher de reprendre une chose dont l'acheteur, sans motif légitime, s'obstinait à retenir le prix. En quelque lieu qu'elle ait été déposée, il n'importe. Il suffit qu'elle ne soit pas venue au pouvoir d'une personne de bonne foi, qui se trouverait en état d'opposer la maxime : *En fait de meubles, possession vaut titre.*

Le but de ce droit de suite n'est pas de recouvrer la propriété de la chose, mais simplement sa détention. Le vendeur, loin de demander la nullité du contrat, entend le faire maintenir pour arriver à être désintéressé. Il se contentera de regagner la possession et de rendre plus sûr de la sorte l'exercice de son privilége, en même temps qu'il mettra l'acheteur dans l'impossibilité de se défaire de l'objet, au bénéfice d'un tiers, qui pourrait invoquer ensuite son titre et sa bonne foi.

Ce fut aussi un privilége établi primitivement au profit de certains marchands de la ville de Paris, qui donna naissance à cette seconde exception. Les *Coutumes notoires du Châtelet* et les *Décisions de Jean des Mares*, après une ordonnance royale, le confirmèrent, mais en le généralisant.

L'interprétation que nous avons acceptée nous est fournie par Dumoulin, Brodeau, les meilleurs commentateurs du Droit coutumier. Aussi trouvons-nous

8

mauvais qu'on ait essayé de faire remonter au Droit romain l'origine de l'art. 176 de la Coutume de Paris.

Il est, dans les Instituts de Justinien, un texte célèbre, *livre* II, *tit.* I. § 41, *de divisione rerum*, où on lit, à propos de la vente au comptant d'un effet mobilier (1), que la propriété n'en est transférée à l'acheteur qu'après livraison faite et *prix payé*. Jusque-là, le vendeur reste seul maître de la chose. Il garde donc le droit, si l'acheteur manque sans cause à ses engagements, de réclamer l'objet qui n'a jamais cessé d'être son bien, par une revendication proprement dite. Pas n'est besoin qu'il fasse annuler le contrat : le droit de propriété a toujours reposé sur sa tête avec l'ensemble de ses attributs.

C'est cette même théorie dont on voudrait faire l'application à notre ancien Droit coutumier. Les observations qui vont suivre montreront combien sont mal fondées de telles prétentions.

Si, chez les Romains, on jugea nécessaire de retarder le transfert de la propriété jusqu'après le paiement du prix, c'est que, sans ce secours extraordinaire, le vendeur, dessaisi de tout droit sur la chose par le fait de la tradition, n'aurait pu désormais invoquer le titre de propriétaire, pour la reprendre entre les mains d'un acheteur infidèle à ses engagements. Il faut savoir, en effet, qu'il était impossible à Rome, en dehors des contrats innommés, de faire résoudre une

---

(1) Le texte peut également se rapporter à la vente au comptant de biens immobiliers ; il n'établit aucune distinction.

convention, par cela seul qu'une des parties refusait de remplir l'obligation qu'elle avait prise. Une pareille faculté fut, au contraire, consacrée dans nos vieux pays de Coutumes. Et dès lors, puisqu'il appartenait toujours à l'aliénateur de ressaisir, à l'aide de ce procédé, le droit transmis à son co-contractant, il devint inutile de reculer outre-mesure l'instant où la propriété se fixerait, d'une façon complète, sur la tête de l'acquéreur. Cependant, comme il pouvait arriver qu'on préférât ne pas user d'un moyen si rapide, on admit le vendeur, par une faveur plus grande et afin que, dans un cas semblable, il ne se trouvât pas avec un pur droit de créance, à réclamer, non pas certainement une propriété alors irrévocablement perdue, mais une simple détention qui lui permit, si l'acheteur ne payait pas, de faire vendre publiquement l'objet et d'exercer son privilège.

Gardons-nous donc de voir l'origine de l'art. 176 de la Cout. de Paris, dans le § 41, *de divisione rerum*, *Institutes de Justinien*. Quelques-uns de nos anciens jurisconsultes paraissent sans doute se prononcer en ce sens, mais la plupart, et parmi eux Dumoulin, en citant la loi romaine, n'ont pour but que de la faire servir à l'interprétation et à la justification de notre vieux Droit français, sans prétendre le moins du monde en trouver nécessairement chez nous l'application.

Cela est très important à noter, car la décision que nous venons de prendre, eu égard à ce qui existait sous l'empire de nos anciennes institutions, sera d'un poids considérable pour nous déterminer à adop-

ter une solution identique, lorsque nous traiterons
cette matière au point de vue du Droit qui nous régit.
L'art. 2102, § 4, du Code civil parle de *revendication*,
et ce mot, il l'a emprunté aux auteurs coutumiers du
XVIII° siècle, qui en avaient exagéré le sens. C'est
pourquoi, tout en nous réservant de discuter bientôt,
mieux à notre aise, la question à laquelle avaient
déjà donné une réponse nos grands jurisconsultes
nationaux, nous croyons pouvoir affirmer, dès à présent, que le droit ouvert à l'aliénateur d'un effet mobilier non payé n'est pas le droit d'un vrai propriétaire.

Et maintenant que nous avons examiné dans le
passé, sous ses différentes formes et avec les exceptions qu'elle comporte, la maxime : *Meubles n'ont
pas de suite*, il va nous être permis de l'étudier dans
les temps présents, avec tout le soin et les développements qui lui conviennent.

LIVRE DEUXIÈME

Du droit de suite des choses mobilières dans notre législation moderne.

Nous devons ici, comme nous l'avons fait à l'occasion de notre ancien Droit coutumier, traiter le sujet qui nous occupe au point de vue du propriétaire d'abord, ensuite au point de vue des créanciers. Dans cette division rentrera sans peine l'exposé complet de la règle consacrée en notre matière par le Code civil, sans que les exceptions qu'elle comporte se trouvent par nous négligées.

CHAPITRE PREMIER.

Droit de suite au regard du propriétaire.

PREMIÈRE SECTION

De la règle : « En fait de meubles, possession vaut titre. » — Sa signification. — Ses motifs.

Cette règle n'est pas d'origine romaine; cela résulte de ce que nous avons déjà dit plus haut. On exigea toujours, à Rome, qu'il s'écoulât un certain temps entre le moment de l'entrée en possession et celui à partir duquel on pouvait considérer la prescription comme accomplie. C'est pour cela que le délai de l'usucapion des meubles fut fixé à un an, sous l'empire des lois des XII Tables, et porté à trois ans sous Justinien.

Il faut remonter à notre ancien Droit français pour découvrir la source de la maxime précitée. Connue bien longtemps avant le XVIIIe siècle, elle fut alors formulée par Bourjon en des termes que nos législateurs modernes jugèrent à propos de conserver, et, à cet effet, ils inscrivirent dans l'art. 2279 du Code civil, ces mots : « *En fait de meubles, la possession vaut titre.* »

Une telle règle ne signifie pas que la possession engendre, au profit de celui qui en est investi, une *présomption* de propriété, susceptible d'être combattue par la preuve contraire; elle veut dire simplement que le possesseur acquiert, par le fait même et par le seul fait de la prise de possession, non-seulement un pouvoir physique sur la chose, mais une prérogative bien plus large, bien plus absolue, le droit de propriété. A la différence des immeubles qu'on ne parvient à usucaper que par dix, vingt ou trente ans, les meubles se prescrivent sans condition de durée, sans laps de temps. Certains auteurs, il est vrai, voient une contradiction manifeste dans les termes mêmes de l'expression : usucaper sans laps de temps, et préfèrent n'admettre en faveur du tiers possesseur

qu'une *présomption* de propriété. Mais cette présomption que, pour la plupart, ils reconnaissent irréfraga-
ble, entraîne en définitive les mêmes résultats qu'une
véritable prescription. Aussi, nous paraît-il plus convenable de se rattacher à l'idée d'une acquisition im-
médiate de la propriété, alors surtout qu'il est dans
l'esprit de la loi, que celui qui invoque un pareil bénéfice justifie des autres conditions requises pour arriver à l'usucapion : *le juste titre et la bonne foi* (arg.,
art. 1141, C. civ.) La place qu'occupe l'art. 2279 dans
le Code et l'ordre d'idées auquel il appartient ne peuvent laisser subsister aucun doute. C'est dans le titre
de la Prescription qu'a été compris le principe : *En
fait de meubles, possession vaut titre*; c'est sous la
même rubrique que les dispositions relatives aux
courtes prescriptions qu'il a été classé. Le législateur semble avoir voulu établir une espèce de grada-
tion entre ces prescriptions à brève échéance: les
unes s'accomplissent (toujours avec les conditions
ordinaires de juste titre et de bonne foi) par cinq ans,
les autres par deux ans, d'autres encore par un an,
par six mois. Quoi de plus naturel que de continuer
la série commencée et d'expliquer l'art. 2279, qui se
présente aussitôt après dans la même section, en ce
sens qu'il consacre une prescription sans condition de
durée, une prescription qui rend propriétaire à l'instant même? Dès qu'il a physiquement appréhendé
la chose avec l'intention de l'avoir pour lui, le possesseur peut repousser l'action en revendication du précédent maître. Ce n'est qu'*exceptionnellement*, aux

termes du second paragraphe de l'art. 2279, qu'il appartient à ce dernier de revendiquer contre le possesseur. Donc, en dehors des cas d'exception, c'est-à-dire, en principe, l'action réelle n'est pas donnée au propriétaire dépossédé.

Il suit de là qu'on doit regarder la possession, en matière de meubles, comme étant le signe du titre le plus légitime, le plus parfait, le signe de la propriété. On aurait tort de ne voir en elle qu'une simple *présomption*, de nature ou non à être renversée par la production d'une preuve contraire.

C'est cette idée cependant, adoptée par quelques auteurs, qui paraît avoir triomphé dans la jurisprudence. De nombreuses décisions de Cours et de tribunaux en font foi.

Le 8 octobre 1814, la Cour de Paris sanctionna de son autorité la doctrine que nous combattons, dans un arrêt confirmé plus tard par la Chambre des requêtes, le 4 juillet 1816 (1). Les juges virent une *présomption* de propriété dans l'art. 2279, invoqué contre un demandeur qui alléguait même, comme un argument en sa faveur, la mauvaise foi de son adversaire. Il s'agissait, dans l'espèce, de deux individus, les frères Creps, qui, associés quelque temps pour une entreprise de voitures publiques, n'avaient pas tardé à se séparer. Peu après la cessation des affaires communes, le plus jeune des deux souleva un procès contre son frère, à l'occasion d'une voiture

(1) Sirey, 18, 1, 166.

conduite par celui-ci en réparation chez un artisan.
C'était là, disait le réclamant, une voiture demeurée
indivise lors du partage de la société, et dont il
venait maintenant demander la moitié. Il offrait de
prouver que son frère lui avait proposé naguère une
somme de quatre mille francs dans le but de racheter
la fraction de l'objet indivis, qu'il savait ne pas lui
appartenir. Creps aîné se fit une défense de l'art. 2279
du Code civil; il raisonnait de la façon suivante : « Je
suis en possession; la possession en matière de meubles suppose invinciblement la propriété; donc, je
dois être reconnu propriétaire. » Et la Cour de Paris,
après elle la Cour de cassation, n'hésitèrent pas à
consacrer une semblable théorie, sans se préoccuper
davantage des autres conditions légalement exigées
du possesseur qui désire se prévaloir de la maxime :
En fait de meubles, possession vaut titre. Les magistrats ne considérèrent qu'une chose, la détention
matérielle, sans avoir égard à la nature de cette
détention. Ils contribuèrent ainsi à accréditer l'opinion erronée d'après laquelle on devrait faire entièrement abstraction, pour l'application de notre article,
de l'origine de la possession, opinion qui malheureusement, depuis, n'a été que trop souvent reproduite
dans les jugements et les arrêts

En 1831, devant la Cour de Bourges, se posait la
question de savoir, si des héritiers pouvaient faire
apposer les scellés sur des meubles laissés par le
défunt dans une maison qu'il avait cessé d'habiter peu
de temps avant sa mort. La raison de douter venait

de la présomption de propriété qui était née, au profit du nouveau locataire, de cette circonstance qu'il se trouvait, de fait, en possession desdits objets. Que décida la Cour? Que le possesseur des meubles pouvait assurément se prévaloir de l'art. 2279 du Code civil, qu'il y avait pour lui *présomption* de propriété dans le sens de ce dernier article, mais que, néanmoins, la preuve contraire étant admissible contre cette présomption, il y avait lieu momentanément de permettre l'apposition des scellés pour sauvegarder les droits éventuels des héritiers. C'était proclamer une double inexactitude. D'abord, la seule présence de certains effets mobiliers, dans l'habitation que vient occuper un nouveau locataire, ne saurait constituer pour celui-ci un titre de propriété au sens de l'art. 2279, puisque cet article suppose, non pas une pure détention des objets, mais une possession non équivoque, avec juste titre et bonne foi; ensuite, il est tout à fait irrégulier de parler de preuve contraire, alors que la propriété a été, une fois, acquise au possesseur, en vertu des dispositions de la loi. Possession vaut titre, dit l'art. 2279; il n'est pas possible d'aller à l'encontre d'un fait accompli.

Ces erreurs cependant ont reparu dans des décisions postérieures.

Le 24 juillet 1845, la Cour de Rouen affirma hautement que l'art. 2279 créait en faveur du possesseur une simple présomption, laquelle pouvait toujours être détruite par une preuve ou présomption con-

traire (1). Le tribunal de Florac, en 1849 (29 juin),
à propos d'une question de validité de don manuel,
se prononça dans le même sens; et ainsi d'un grand
nombre d'autres juridictions (2). On peut citer, entre
tous, l'arrêt de la Cour de Nancy du 22 février 1873,
qui déclara, à l'occasion de titres au porteur réclamés
par des héritiers entre les mains d'un détenteur, que
la possession de ce dernier créait à son profit une
sorte de titre de propriété, tandis qu'il aurait fallu
dire qu'elle lui tenait lieu de titre même d'acquisition (3). Enfin, la Cour de cassation a consacré assez
récemment la même doctrine (4). L'art. 2279, dit-
elle, n'établit qu'une *présomption légale* en faveur de
celui dont la possession est justifiée, et le dispense
de toute autre preuve.

Voilà ce que décide la jurisprudence. Nous avons
montré combien sa façon d'apprécier est fautive; elle
ne répond ni au texte, ni à la pensée de la loi. Aucune
expression, en effet, n'a été employée par le Code,
de nature à faire supposer que le législateur a
entendu, ici, ne parler que d'une présomption. Ce
qu'il veut, c'est que la possession, en matière de
meubles, tienne lieu d'un titre parfait, c'est-à-dire
d'un titre translatif de propriété, comme la vente ou

---

(1) Rouen, 24 juillet 1845 (Dalloz, 1846, 2, 87.)

(2) Montpellier, 5 janvier 1807. — Bordeaux, 15 avril 1829;
21 décembre 1832. — Nîmes, 9 juillet 1832; 8 janvier 1833;
22 août 1842. — Lyon, 9 avril 1851 (Dalloz, 1853, 2, 3.)

(3) Nancy, 22 février 1873 (Dalloz, 1873, 2, 26.)

(4) Cassation, rejet, 14 février 1877 (Dalloz, 1877, 1, 320.)

l'échange, et, en outre, que ce titre, fondé sur une possession qui revêt certains caractères, mais n'exige point de durée, ne puisse être mis à néant par n'importe quel genre de preuve.

Et si telle est l'interprétation que doit recevoir notre article, il ne sera pas sans intérêt de rechercher les motifs qui ont présidé à sa rédaction.

Le premier qui s'offre à nous est un motif d'équité.

On sait que la propriété des immeubles est généralement constatée par écrit. Ceux qui désirent acquérir de semblables objets peuvent, dès lors, exiger de la personne avec laquelle ils traitent, la représentation de ses titres de propriété. S'ils négligent une précaution si utile ou se contentent de titres peu clairs et douteux, c'est leur faute. La chose se trouvant ne pas appartenir à l'aliénateur, ils se verront soumis aux réclamations du véritable maître, qui les évincera, et ce sera justice : ils auraient dû se montrer plus prudents.

Cette façon de raisonner ne saurait s'appliquer en matière de meubles. Les conventions qui les concernent ne sont pas, la plupart du temps, consignées par écrit; ils passent de l'un à l'autre avec une rapidité extrême, à l'aide de simples traditions manuelles. Lorsqu'on veut s'en porter acquéreur, on n'a pas le moyen d'obtenir de celui qui entend les aliéner, la preuve incontestable de son droit. Ce dernier, en général incapable de présenter des pièces servant de fondement aux pouvoirs qu'il allègue et prétend transmettre à autrui, ne peut, le plus souvent, qu'é-

mettre cette affirmation gratuite : « Je suis propriétaire, parce que je possède; » et, en l'absence de
tout autre élément de preuve, force est à l'acheteur
de se tenir pour satisfait. Aussi, comme aucun tort
ne lui est imputable, il n'aura nullement à souffrir
d'une situation qu'il subit sans l'avoir amenée. On le
préférera au propriétaire dépouillé, à celui qui s'est
rendu coupable de négligence, en remettant, sans
s'être suffisamment renseigné, la garde de sa chose à
un tiers qui s'est empressé de la revendre. Entre
deux hommes, dont l'un est à l'abri de tout reproche,
tandis que l'autre a donné lieu par une imprudente
confiance à de justes récriminations, l'équité veut
que le premier triomphe. Voilà pourquoi la loi
intervenant protége si efficacement sa possession.

Il y a encore à cela un motif d'ordre social.

Les effets mobiliers circulant de main en main
avec une excessive vitesse, permettre au propriétaire
de dessaisir le dernier acquéreur, c'eût été créer
d'un coup une multitude de conflits, alors qu'il est
déjà si difficile de constater l'identité d'un meuble.
L'individu dépossédé eut immédiatement exercé son
recours contre celui dont il tenait la chose, ce dernier
contre son auteur, et ainsi de suite, jusqu'à celui qui
avait indûment disposé pour la première fois d'un
bien qui était à autrui. Ces procès répétés eussent
troublé la paix publique, et occasionné des frais dont
le montant aurait dépassé de beaucoup la valeur de
l'objet en litige. Au surplus, la confiance eut disparu
des transactions commerciales; nul n'eut plus osé

contracter, n'ayant aucune certitude de conserver la possession d'un meuble acquis des mains d'un étranger.

M. Bigot de Préameneu résuma toutes ces raisons, dans l'exposé des motifs, de la manière suivante : « Dans le Droit français, on n'a point admis à l'égard des meubles une action possessoire distincte de celle de la propriété; on y a même regardé le seul fait de la possession comme un titre; on n'en a pas ordinairement d'autre pour les choses mobilières. Il est d'ailleurs le plus souvent impossible d'en constater l'identité, et de les suivre dans leur circulation de main en main. Il faut éviter des procédures qui seraient sans nombre, et qui, le plus souvent, excèderaient la valeur des objets de la contestation (1). »

§ I. — *Des choses auxquelles s'applique la règle :* « *En fait de meubles, etc...* » *et de celles auxquelles elle demeure inapplicable.*

Ce sont les motifs mêmes pour lesquels le législateur a rédigé l'art. 2279 du Code civil, qui doivent nous servir à déterminer le champ d'application de la règle qu'il consacre. Toutes les fois que nous serons en présence de meubles dont l'identité ne pourra être constatée qu'avec peine, ou par rapport auxquels il n'existera pas de titres propres à démontrer que le détenteur actuel en est propriétaire, nous

(1) Locré, *Législat.*, XVI, p. 586, nº 45.

dirons qu'à leur égard la possession vaut titre. Nous
donnerons une solution inverse, au contraire, lorsqu'il s'agira d'objets aisés à reconnaître, et dont la
transmission ne sera légalement possible qu'en laissant des traces durables, qui permettront toujours de
retrouver les gens entre les mains de qui ils sont
passés.

Cela posé, il est plusieurs catégories de choses
mobilières auxquelles la maxime de notre Code demeurera inapplicable. Indiquons-les :

Viennent d'abord les *meubles incorporels* (1), tels
que les créances et les rentes. Outre qu'on se rend
aisément compte de leur identité, ces sortes de meubles ne passent pas d'une main dans une autre avec
plus de célérité que les immeubles. Leur transmission
est entourée de formes protectrices, et ordinairement
on dresse un acte écrit. Par ce moyen, il est facile
de s'assurer si celui qui cherche à vendre une créance
en est réellement le maître, s'il peut en disposer avec
profit pour l'acquéreur. Il n'y a qu'à vérifier le titre,
à observer s'il est conçu au nom du cédant ou au
nom de toute autre personne. C'est avec Pierre que
je vais contracter, et l'écrit qui relate la créance dési-
gne Paul comme étant créancier ; la prudence me
fait un devoir de ne pas donner suite à l'affaire,

(1) Toutefois, la jurisprudence.valide les aliénations de créances,
et autres objets mobiliers auxquels ne s'applique pas la règle : *En
fait de meubles, possession vaut titre*, lorsqu'elles sont consen-
ties par un héritier apparent. (Cassation, deux arrêts du 26 février
1867 ; Sirey, 1867, 1, 161).

avant que Pierre ne m'ait expliqué en quelle qualité il est devenu détenteur de ce titre qu'il m'offre avec empressement. L'avez-vous reçu, lui dirai-je, comme héritier ou comme cessionnaire? Au premier cas, montrez que vous êtes le parent le plus rapproché du *de cujus*, dans l'ordre des héritiers *ab intestat*, ou exhibez le testament qui vous constitue légataire; au second, représentez votre acte de cession. Si je n'exige pas ces précieuses garanties, ce sera à mes périls et risques.

On voit donc que les raisons pour lesquelles la règle du Code civil a été établie ne se rencontrent pas dans l'hypothèse où il s'agit de meubles incorporels (1). Celui qui, pour une cause quelconque, serait devenu possesseur d'un titre nominatif, et par exemple, d'un livret de caisse d'épargne, ne pourrait, se prévalant de la règle qu'en fait de meubles la possession vaut titre, toucher le montant des sommes consignées. Et si elles venaient à être payées entre ses mains, l'administration de la Caisse serait responsable de ce paiement vis-à-vis du titulaire de la créance, vis-à-vis de celui qui avait effectué le dépôt (2).

Les motifs qui ont fait accepter la maxime précitée, ne s'appliquent pas davantage au cas de meubles cor-

(1) C. de Cassat., Ch. civ., 4 mai 1836 (Dalloz, v° *Droit maritime*, n° 2196); Cassat., 11 mars, 1839 (Dalloz, v° *Prescription*, n° 278, 3°) et 14 août 1840 (Dalloz, v° *Prescription*, n° 700). — C. de Cassation de Belgique, Rejet, 4 juin 1833 (*Pasicrisie*, 1833, 1, 110). — Comparer, Liége, 8 janv. 1848 (*Pasicrisie*, 1848, 2, 111).

(2) C. de Cassat., Ch. civ., Rejet., 4 juillet 1876 (Dalloz, 1877, 1, 33). — Rejet, 17 décembre, 1873 (Dalloz, 1874, 1, 145).

porels ou incorporels envisagés comme universalités, car les universalités juridiques n'existent jamais sans être accompagnées de titres propres à indiquer quelle personne en est propriétaire : ainsi, le testament qu'invoque, comme source de son droit, l'héritier désireux de vendre une succession qui s'est ouverte en sa faveur. A ce propos, nous devons faire une remarque : l'art. 2279 du Code civil n'est pas applicable dans l'hypothèse où un héritier légitime intente la *pétition d'hérédité* contre un héritier apparent, nanti d'une succession purement mobilière. Le demandeur n'agit pas alors comme propriétaire : il réclame plutôt, en qualité de créancier, la restitution d'un bien injustement retenu par un étranger (1).

Cette situation particulière mise de côté, et en matière de meubles individuels, chaque fois qu'il sera possible, à l'aide de certains documents, de se renseigner sur la valeur des prétentions de celui avec lequel on entre en relation de droit, il faudra le faire soigneusement et s'abstenir de traiter, pour si peu qu'on juge ces prétentions mal fondées. Que si l'on agit autrement, la faiblesse, ou mieux, la légèreté dont on se sera rendu coupable, n'obtiendra point de pardon. La revendication deviendra recevable, et vainement alors on cherchera un refuge sous la protection de la maxime : *En fait de meubles, possession vaut titre.*

Il importe, d'après cela, de considérer la nature des

_____

(1) *Sic*, C. de Cassat., 10 février 1840 (Dalloz, v° *Successions*, n° 1597).

9

objets mobiliers, pour se prononcer sur le point de
savoir s'ils doivent ou non être soumis au droit de
suite. Ce droit sera accordé dans les espèces que nous
venons de signaler, et dans celle-ci encore : lorsqu'on
réclame la restitution d'un meuble comme accessoire
d'un immeuble revendiqué.

Spécialement quand il s'agit d'une créance, on a
pu se demander ce qui arriverait, si le détenteur du
titre portait le même nom que le véritable créancier,
s'il était l'héritier apparent du créancier originaire,
si un créancier qui a été payé sous condition de su-
brogation, mais qui néanmoins a retenu le titre de sa
créance, recevait un nouveau paiement avec subro-
gation et remettait les titres au second subrogé. Dans
toutes ces circonstances, il n'a pas été possible à
celui qui est venu contracter avec le détenteur des
titres d'éviter l'erreur où il est tombé. C'est pourquoi
on le protégera, en lui permettant d'invoquer le premier paragraphe de l'art. 2279 du Code civil.

On déciderait de même au sujet de créances cons-
tatées par des titres, non pas *nominatifs*, mais *au porteur* (1). La personne qui les acquiert ou les reçoit en
gage, n'a aucun moyen de savoir s'ils appartiennent
réellement à l'individu qui les détient. Ces effets mobiliers sont de nature à passer d'une main dans une

---

(1) Cassation, arrêt de rejet fort ancien, du 13 nivôse an II,
rendu sur le réquisitoire de Merlin (Merlin, Quest. de droit, v° *Revendication*, § 1), — et arrêts plus récents du 15 avril 1863 (Dalloz, 1863, 1, 396) ; Paris, 19 juillet 1875 (Dalloz, 1876, 2, 128) ;
rejet, Ch. civ., Cassat., 4 juillet 1876 (Dalloz, 1877, 1, 33).

autre par simple voie de tradition, celui qui possède le *titre* possédant aussi la *créance*, à cause de la profonde confusion qui existe ici entre ces deux choses généralement si distinctes. Car, il faut le noter, lorsqu'il s'agit d'une créance, la possession n'appartient pas en principe à celui qui est détenteur du titre, mais à celui qui a la jouissance du droit, c'est-à-dire, à celui qui perçoit les intérêts, les revenus qu'elle produit (1).

Supposons encore un tiers en possession d'un manuscrit. Opposera-t-il à bon droit la maxime du Code civil? Sans doute sa possession vaut titre à l'effet de repousser la revendication du manuscrit considéré comme objet corporel, mais il ne saurait s'en prévaloir pour prétendre qu'il est en son pouvoir de le publier, de le répandre, en en faisant tirer de nombreux exemplaires. Sa possession ne prouve qu'une chose : la remise à lui faite de l'écrit, mais non l'attribution du droit de publication qui appartenait à l'auteur. Ce droit ne saurait résulter d'un don manuel; le possesseur doit séparément le prouver, s'il l'invoque (2).

Observons que, lorsque l'art. 2279 du Code civil reçoit son application, ce n'est jamais que par rapport aux choses qui sont dans le commerce, c'est-à-dire, susceptibles d'appropriation privée. Les biens du domaine public, placés en dehors des conventions des

(1) Cassation, rejet, 12 mars 1824 (Dalloz, v° *Prescription*, n° 270, 1°).
(2) Paris, 10 mai 1858 (Dalloz, 1858, 2, 217).

particuliers, ne peuvent leur être individuellement
acquis et restent par conséquent, même quand ils sont
mobiliers, soumis à la revendication, quelles que
soient d'ailleurs les mains qui les détiennent (1).

Il faut du reste, en thèse générale, et cela de toute
nécessité, que le possesseur d'un objet mobilier,
pour qu'il puisse tirer à son profit un argument de
l'art. 2279 du Code civil, ait reçu la tradition matérielle de la chose, qu'il la tienne sous sa main, et soit
en état de s'en servir, d'en disposer comme en étant
le maître. Une possession symbolique, analogue à
celle dont parlent les art. 1606 et suivants du
Code civil ne suffirait pas, et, par exemple, on ne se
contenterait nullement, en cas de vente d'un instrument de musique, tel qu'un piano ou un orgue, de la
remise des clefs à l'acheteur, si l'instrument devait
rester encore dans les magasins du vendeur. Il n'y
aurait pas eu de mise en possession effective, la
chose ne se trouverait pas précisément en la puissance et à la disposition de l'acquéreur (2).

Par un privilége remarquable, les navires et
autres bâtiments de mer échappent à l'application de
la règle : *En fait de meubles...* Quoique de longue
date ils aient été déclarés meubles (édit du 8 octobre
1866; ordon. de 1681; art. 190 du Code de comm.),
leur masse et leur valeur les ont fait à divers égards
rapprocher des immeubles et traiter comme tels.

(1) Ch. civ., rejet, 10 août 1841 (Dalloz, v° *Domaine de la
Couronne*, n° 31). — Paris, 3 janvier 1846 (Dalloz, 1846, 2, 212).

(2) Lyon, 9 avril 1851 (Dalloz, 1855, 2, 6).

Connaissant, à présent, la sphère d'application de la règle du Code civil, il devient indispensable d'indiquer les conditions moyennant lesquelles elle pourra être invoquée.

§ 2. — *Conditions d'application de la maxime :* « *En fait de meubles, etc.* »

Pour qu'on puisse s'en faire un titre, la possession doit présenter un caractère non équivoque de *bonne foi* et procéder d'une *juste cause d'acquisition*. Ce sont là deux éléments indispensables qui, en raison de leur importance, valent la peine d'être examinés en détail.

Bonne foi. — Nul ne sera admis à se prévaloir de la puissance physique qu'il exerce sur une chose mobilière, s'il n'est d'abord de *bonne foi*. La loi entend bien protéger ceux qui, d'une façon invincible, ont été induits en erreur, mais non les individus qui, par esprit de fraude, ont consenti à contracter avec un tiers, qu'ils savaient ne pas être propriétaire. C'est ce que confirme l'art. 1141 du Code civil. Il suppose deux acheteurs, auxquels on s'est successivement obligé de livrer un meuble, et il décide que celui-là sera préféré et conservera la propriété qui, le premier, aura été mis en possession réelle, encore que son titre soit postérieur en date, *pourvu qu'il soit de bonne foi.*

C'est là la condition que le texte considère comme

essentielle. Et, en effet, si l'homme de mauvaise foi
ne mérite aucune faveur, il en est différemment de
celui qui, en toute franchise, reçoit des mains d'un
inconnu, qu'il croit propriétaire, un objet dont la
propriété reposait cependant sur la tête d'un tiers.
Celui-là est digne d'intérêt et d'assistance; il n'a
aucune faute à se reprocher, la loi n'ayant mis à sa
disposition aucun moyen qui lui permit d'apprécier
l'exactitude des dires de l'aliénateur. C'est en quelque sorte fatalement qu'il se trouverait victime de
sa bonne foi. Il convient donc de le protéger d'une
manière spéciale, de le maintenir dans les droits qu'il
a cru acquérir, et cela, même à l'encontre du véritable
maître de la chose qui, lui, n'a pas été suffisamment
attentionné, qui ne s'est pas assez préoccupé de la
garde et de la surveillance de son bien.

L'argument que fournit l'art. 1141 est assez fort,
ce nous semble, pour faire rejeter l'opinion des
auteurs qui ne regardent pas la bonne foi comme
nécessaire à celui qui prétend s'appuyer sur la règle:
En fait de meubles, possession vaut titre. A la
vérité, le législateur, dans sa formule, eût pu se montrer plus explicite et plus précis; mais il ne l'a pas
fait. Dès lors, c'est à l'interprète qu'il appartient de
compléter la pensée de la loi, en s'inspirant de son
esprit. Eh bien! qu'on parcoure les diverses dispositions du Code, et l'on se convaincra que, nulle part,
le législateur n'essaie d'encourager la fraude, en
donnant une prime à la déloyauté (V. art. 549, 550,
1141, C. civ.). Si, en matière immobilière, on voit le

possesseur de *mauvaise foi* arriver à prescrire, grâce à une bien longue possession, rien de semblable ne saurait se produire en matière de meubles, où il suffit d'un seul instant à la possession pour engendrer la propriété.

La jurisprudence l'a si bien compris ainsi, qu'elle proteste contre l'assertion d'après laquelle les effets de la possession seraient, en général, indépendants de la bonne ou de la mauvaise foi (1). Il faut toujours que la bonne foi soit constatée, et par bonne foi l'on entend la croyance, fondée ou non, qu'on a légitimement acquis la propriété de la chose possédée. Mais, pourvu qu'on ait cette conviction au moment de la prise de possession, cela suffit. Pas n'est besoin qu'elle ait existé antérieurement (au moment, par exemple, où on a passé le contrat en vertu duquel la tradition a été faite), ni même qu'elle ait continué après coup. *Mala fides superveniens non impedit usucapionem* (Compar., art. 2269 du C. civ.).

Au reste, il importe de remarquer que la bonne foi est toujours présumée. C'est au revendiquant à démontrer qu'elle n'existe pas chez le tiers possesseur, et, s'il ne fait pas cette preuve, il devra succomber, à moins qu'il n'établisse l'impossibilité pour le défendeur de recourir au premier alinéa de l'art. 2279 du Code civil, à cause que sa possession est entâchée d'un vice énorme, le vice de précarité.

(1) Rejet, Cassat., 9 janvier 1811, 7 décembre 1868, 5 décembre 1876. (Dalloz v° *Prescript.*, n° 268, R. P., 1869, 1, 83 ; 1877, 1, 166). — Metz, 10 janvier 1867 (Dalloz, 1867, 2, 14).— Guadeloupe, 1er juillet 1872 (Dalloz, 1874, 2, 95).

Juste titre. — C'est, en effet, la seconde des conditions en considération desquelles le possesseur d'un
meuble peut résister à toute revendication, que
celle qui lui impose l'obligation d'avoir un juste
titre. On exige qu'il soit en état d'exciper d'une
justa causa acquisitionis, d'une cause légitime d'acquisition, qui l'eût rendu propriétaire ou investi du
droit réel qu'il espérait atteindre (usufruit, droit de
gage), si la propriété eut réellement résidé en la
personne de celui avec lequel il contractait. Les
dépositaires, les commodataires, les locataires, tous
ceux qui détiennent pour le compte d'autrui ne sont
pas reçus à opposer la maxime : *En fait de meubles.....* Par les actes qu'ils font, ils avouent tacite-
ment un maître, ils reconnaissent que les droits
qu'ils exercent sont des droits qui émanent d'autrui.
En somme, ils sont débiteurs, plutôt que possesseurs,
puisque leur possession implique une convention en
vertu de laquelle ils sont tenus de restituer. C'est
cette situation particulière des détenteurs précaires
à laquelle la jurisprudence n'a pas suffisamment
réfléchi; et de là ses nombreuses erreurs. Elle a
confondu deux ordres d'idées parfaitement distincts :
le cas où celui qui réclame un meuble agit par une
action personnelle, résultant d'un contrat antérieurement passé avec le possesseur (contrat de dépôt, de
prêt, etc.), et le cas où il exerce une action réelle,
l'action en revendication, pour reprendre un objet
qu'il soutient lui appartenir. Dans la première hypothèse, le droit du demandeur ne se prescrit que par

trente ans, durée ordinaire de la prescription des
actions fondées sur une convention; dans la seconde,
et dans celle-là seulement, l'art. 2279 s'applique.
Et bien! les tribunaux négligeant une distinction
aussi fondamentale, ont voulu trouver l'application
de l'art. 2279 dans la première hypothèse, là où il
n'a rien à faire absolument, et ils ont considéré les
situations dans lesquelles un créancier poursuit la
restitution d'un effet mobilier, en alléguant une obligation conventionnelle, comme des cas d'exception à
la maxime : *En fait de meubles, possession vaut
titre.* C'est là une grave inexactitude, résultat de la
regrettable confusion qui, malheureusement, n'a pas
cessé de se reproduire.

Dans une espèce où il s'agissait d'une revendication
de meubles, exercée par les héritiers d'un frère
défunt qui, de son vivant, était venu s'établir chez
sa sœur et partager sa demeure, la Cour de Montpellier (1) écarta la maxime de l'art. 2279 par des raisons tout-à-fait étrangères au sujet, alors qu'elle avait
simplement à dire que la sœur était tenue de rendre
les effets ayant appartenu en propre à son frère,
parce qu'elle ne les avait jamais possédés avec la
faculté d'en disposer, mais, en quelque sorte, à titre
de dépôt, en qualité de détenteur précaire.

De même, la pétition d'hérédité ayant été intentée
par des héritiers *ab intestat* contre un légataire en
possession du mobilier, celui-ci se hâta de recourir au

---

(1) Montpellier, 5 janvier 1827 (Dalloz, v° *Prescription*,
n° 268, 2°).

— 138 —

premier paragraphe de l'art. 2279, et la Cour de cassation, tout en se refusant à l'admission d'un pareil moyen de défense, le fit par des considérations entièrement différentes de celles qu'elle aurait dû invoquer (1). Il lui suffisait, pour repousser les prétentions du défendeur, de constater d'abord que les universalités de meubles ne rentrent point dans la sphère d'application de la règle : *En fait de meubles, possession vaut titre,* et secondement, que l'action déduite en justice n'était pas une revendication proprement dite, mais une pétition d'hérédité. Le légataire se trouvait obligé à la restitution vis-à-vis des héritiers légitimes, le bénéfice de la prescription instantanée ne pouvant être invoqué par lui. Il eut fallu qu'il excipât d'une longue possession pour échapper aux poursuites des représentants du défunt.

Voici encore un autre exemple des décisions de nos tribunaux. Un créancier pratique une saisie-exécution sur les meubles de son débiteur. Au nombre des objets saisis chez ce dernier figurent des animaux de labour, des bœufs, dont un tiers lui avait confié la garde. Ce tiers, propriétaire, forme une demande en délivrance des objets qui ont été mal à propos compris dans la mesure d'exécution. Le saisissant oppose l'art. 2279 du Code civil, et la Cour de Nîmes le repousse sous le faux prétexte que cet article ne crée qu'une pure présomption de possession, susceptible d'être renversée par la preuve contraire (2).

(1) C. Cass., 10 février 1840 (Dalloz, v° *Successions,* n° 1567.)
(2) Nîmes, 22 août 1842 (Dalloz, v° *Prescription,* n° 267, 2°).

Combien il eut été plus naturel et plus exact de dire que la maxime que consacre l'art. 2279 n'était pas en cause dans l'espèce, puisque le réclamant agissait, non point par voie d'action réelle, mais par l'action personnelle qu'avait fait naître le dépôt!

Nous profiterons de cette occasion pour observer que l'action en distraction, accordée au propriétaire qui désire empêcher l'un de ses biens d'être compris dans la saisie pratiquée contre un étranger, n'est point, à proprement parler, une action *réelle*. C'est une action en restitution dirigée contre le saisi, à l'effet de reprendre les objets mobiliers que celui-ci retenait au nom d'autrui, et non pas à titre de maître. Dès lors, les créanciers ne peuvent pas opposer au demandeur la maxime de l'art. 2279, car ils ne sont que les ayants-cause du débiteur, et, en cette qualité, ne jouissent pas de plus larges pouvoirs que ceux qu'il possédait lui-même (1).

En Belgique, la jurisprudence est mieux fixée à tous ces égards. Toutes les fois qu'il y a précarité dans le titre du possesseur, on lui refuse le secours de l'art. 2279, sans élever au sujet de cet article des questions de présomption, de quelque nature que ce soit. On ne s'attache pas au seul fait de la détention matérielle des meubles, pour attribuer à celui qui l'exerce le droit même de propriété; il faut voir si le détenteur possède pour lui-même ou pour un étran-

(1) Bordeaux, 26 août 1831 (Dalloz, v° *Prescription*, n° 271, 2°).
— 3 avri 1829 (Dalloz, v° *Prescription*, n° 267, 1°.)

ger. « Il n'y a point de possession valant titre, dit la Cour de Cassation de Belgique, s'il n'y a que détention pour autrui et non à titre de propriétaire (1). » Et les Cours d'appel de tout le pays se prononcent dans le même sens. Voici un cas : une veuve ayant cédé son droit de bail sur une ferme à quelques-uns de ses enfants, laissa à leur usage, dans les locaux par elle abandonnés, une partie de son mobilier. Après sa mort, ceux de ses fils qui n'étaient point intervenus à cette convention et ne s'étaient pas, comme les autres, engagés lors du renouvellement du bail, voulurent réclamer leur part dans les meubles que leur mère n'avait point retirés de la ferme. La Cour de Bruxelles accueillit leur prétention, en se fondant justement sur ce que ceux qui, seuls, avaient été possesseurs, ne l'étaient devenus dès le début qu'en qualité de précaristes, et l'étaient toujours restés à ce titre (2). Tel est l'état de la jurisprudence dans cette contrée; ses décisions sont bien plus conformes aux vrais principes que celles de nos tribunaux.

On pourrait se demander, si le détenteur précaire qui ne peut être actionné que pendant trente ans, de par le contrat en exécution duquel il a été mis en possession, ne restera pas soumis, ces trente années écoulées, à une action réelle, la revendication. Cela ne fait pas de doute en matière immobilière, où les pré-

(1) Rejet, Cass. de Belgique, 18 juin 1834 (*Pasicrisie*, 1834, p. 268).

(2) Bruxelles, 14 octobre 1827 (*Pasicrisie*, 1827, p. 290). — 28 juillet 1831 (*Pasicrisie*, 1831, p 232.)

caristes ne prescrivent jamais. Mais, à propos de
meubles, la question peut être discutée. Après le
délai de trente ans, l'action personnelle est prescrite;
et, comme la revendication est, en thèse, impossible à
l'égard des objets mobiliers, aucune voie de recours
ne sera plus ouverte contre le possesseur à l'ancien
maître dépossédé. N'y aurait-il pas, cependant, pos-
sibilité de répondre que la maxime n'est invocable
qu'autant qu'il y a bonne foi, et que, dans de semblables circonstances, il sera généralement aisé
de démontrer que cette condition se trouve absente
de chez le possesseur? Il semble que si; en tous cas,
dès qu'on admet que la précarité constitue un obstacle invincible à l'acquisition des immeubles, quelle que
soit la durée de la possession, comment pourrait-elle
produire un effet différent lorsqu'il s'agit de meubles,
objets soumis par leur nature même à de brusques
changements de maître, puisque la seule prise de possession en fait acquérir la propriété?

Il est bien entendu que, si celui qui a commencé à
posséder pour autrui est toujours présumé posséder
au même titre, à défaut de preuve contraire, tout
détenteur est, en principe, réputé posséder pour
lui-même; en sorte que ce n'est pas à lui à établir
que sa possession est à titre de propriétaire, mais
plutôt à l'adversaire à montrer que c'est *habens rei
conscientiam alienæ*, et non pas *animo domini*, que le
défendeur possédait. La Cour de Nancy l'a admis
ainsi dans un arrêt en date du 22 février 1873 (1).

(1) Nancy, 22 février 1873 (Dalloz, 1873, 2, 26.)

Maintenant, comment prouvera-t-on que le possesseur d'un objet mobilier le possède précairement?
Par toute espèce de moyens, dit la jurisprudence (1).
Cela nous parait trop absolu. La précarité résulte
d'un contrat; or, en matière de conventions, la preuve
par témoins ou présomptions n'est reçue qu'autant
que la valeur du litige ne dépasse pas 150 francs.
Donc, au-dessus de cette somme, quiconque a remis
temporairement un objet mobilier entre les mains
d'autrui (le prêteur, le déposant, etc.) doit produire
un écrit à l'appui de sa réclamation, lorsqu'il veut se
le faire rendre, à moins qu'il ne lui ait été impossible, en temps opportun, de se procurer une preuve
littérale du contrat.

Nous venons de parler des détenteurs précaires, et
nous leur avons vu refuser le bénéfice de l'art. 2279
du Code civil. Dans le même ordre d'idées, on com-
prendra sans peine qu'on ne permette pas l'usage du
premier paragraphe de cet article à ceux dont la
possession dérive d'une simple tolérance du propriétaire. Exemple : Je vous reçois familièrement chez
moi, et vous fournis un logement dans ma demeure,
sans exiger de vous la moindre rétribution. Vous
sera-t-il loisible, peu après, de prétendre que les
meubles placés dans votre appartement vous appartiennent, par la raison que vous en êtes possesseur?
Mais d'abord il faudrait savoir lequel de nous a
exercé la possession pendant le temps de votre jouis-

---

(1). V. Nîmes, 22 août 1842 (Dalloz, v° *Prescription*, n° 267, 2°).

sance; est-ce vous, est-ce moi? De même que vous occupiez par un pur effet de bonne volonté de ma part le local que je vous avais destiné, c'est aussi à titre de pure tolérance que vous avez joui du mobilier servant à le garnir. L'*animus rem sibi habendi* vous manquait; il n'y eut jamais, dans ma maison, d'autre véritable possesseur, d'autre propriétaire que moi. A moi seul donc il appartient d'invoquer la maxime : *En fait de meubles, possession vaut titre* (1).

Mais on ne devrait pas assimiler à ceux qui possè-dent uniquement à titre de familiarité les serviteurs à gage habitant chez leur maître. Aux yeux de la loi, ils ont la possession réelle des objets qui leur appartiennent, des salaires qu'ils ont pu recevoir et économiser. Pour toutes ces choses, la règle de l'art. 2279 est à leur service : la possession leur tient lieu de titre de propriété. C'est l'avis de la Cour de cassation (2).

Ce que nous avons exposé, relativement à l'existence d'un contrat qui imprime à la possession un caractère particulier (précarité), et empêche le possesseur de recourir à l'art. 2279 du Code civil, se retrouve dans les hypothèses où le détenteur n'a acquis la possession qu'à la suite d'un quasi-contrat, d'un délit ou d'un quasi-délit. (V. art. 1293,1376, Code civ.). Dans ces divers cas, il est tenu d'un lien per-

---

(1) Bordeaux, 5 février 1827 (Dalloz, v° *Prescription*, n° 271, 1°).

(2) Rejet, 18 février 1839 (Dalloz, v° *Prescription*, n° 271, 1°). Comparez, arrêt du 24 avril 1866 (Dalloz, 1866, 1, 347), qui semble donner une solution opposée : c'est que les faits étaient différents.

sonnel dont il ne peut se dégager ; il est soumis à la restitution vis-à-vis du propriétaire. C'est ainsi que ce dernier jouit d'un délai de trente ans, comme nous le verrons plus loin, pour se faire restituer la chose qui lui a été soustraite, bien que l'action pénale résultant du vol se prescrive par une moindre durée. Le maître alors ne revendiquera pas dans le vrai sens du mot ; il agira simplement pour se faire resti- tuer une chose dont on l'a illégalement dépouillé.

Nous venons de traiter avec certains développe- ments ce qui se réfère aux deux conditions fondamen- tales, grâce auxquelles la maxime du Code civil devient applicable : le juste titre et la bonne foi. Mais sont-ce là les seules garanties qu'exige la loi du pos- sesseur, ou faut-il qu'il en présente encore d'autres ? Un auteur connu et justement estimé, Mourlon, n'a pas craint d'affirmer qu'une troisième condition est indispensable. Il faut, dit-il, en outre du juste titre et de la bonne foi, que *le possesseur ne soit pas per- sonnellement obligé à la restitution du meuble*. Et voici sa démonstration : S'il eut été possible au déten- teur de se soustraire, par la fin de non-recevoir tirée de notre article, à la revendication du propriétaire, celui-ci, débouté de sa première demande, en eût immédiatement formé une seconde, fondée, non plus sur son droit de propriété, mais sur l'obligation per- sonnelle du défendeur. De ce chef il aurait triomphé, et serait parvenu au même résultat (la restitution de la chose réclamée) qu'il poursuivait dans la première instance. Seulement, il y aurait eu deux procès au lieu d'un, du temps perdu, des frais plus nombreux exposés.

Nous n'avons rien à reprendre à ce raisonnement; il est exact. Mais prouve-t-il ce que M. Mourlon se proposait de démontrer ? Nullement. S'il est juste de prétendre que le possesseur doit ne pas être *personnellement obligé à restituer* la chose qu'il possède, on ne saurait à bon droit soutenir que cette nécessité constitue une troisième condition, distincte des deux autres. Elle rentre dans l'une ou dans l'autre des deux premières, et se confond avec celles-ci. Cela est si vrai, qu'il est absolument impossible de trouver une espèce où le possesseur soit tenu de restituer, sans que sa possession offre en même temps un caractère de précarité ou de mauvaise foi. Mourlon a bien cherché un cas d'application de sa doctrine, une hypothèse où il se rencontrât un *obligé personnel* en état d'exciper d'un juste titre et exempt de mauvaise foi; mais il n'a rien pu découvrir de satisfaisant à cet égard. Voici pourtant l'espèce qu'il propose : Une personne décède après avoir vendu, mais non livré, à un étranger, un de ses effets mobiliers. L'héritier, ignorant cette aliénation, garde l'objet et en jouit, persuadé qu'il est propriétaire. Sera-t-il en son pouvoir, si l'acheteur se présente alléguant qu'il a, lui, le droit de propriété, d'invoquer à l'encontre de ce dernier le bénéfice de notre règle? Point du tout, dit Mourlon, car nonobstant sa bonne foi et *l'absence de précarité* dans sa possession, puisqu'il retenait la chose pour son propre compte, l'héritier demeure, en qualité de continuateur de la personne du défunt, soumis à l'obligation de rendre.

Une bien courte réflexion permet de se convaincre que ce prétendu cas d'application n'en est pas un. Celui qui continue la personne d'un détenteur précaire ne saurait posséder à un autre titre que lui ; il ne fait qu'un avec son auteur, la possession en passant sur sa tête a conservé les caractères qu'elle avait au début. Et ceci a d'autant plus de poids que M. Mourlon, développant lui-même ces idées dans son propre ouvrage, donne de la sorte, sans s'en douter, la réfutation la plus péremptoire de sa théorie. Il reconnaît (nº 1848, t. III, *Répétitions écrites*), que la précarité ne cesse point, même lorsque la qualité qui l'avait produite a disparu, et, reprenant cette pensée un peu plus loin, quelques lignes avant l'exemple qu'il cite à l'appui de sa thèse et que nous avons recueilli plus haut, il s'exprime en ces termes : « Supposons qu'un détenteur précaire, libéré de son obligation personnelle par la prescription de trente ans, meurt laissant un héritier qui ignore la précarité de sa possession. Cet héritier possède de bonne foi ; il n'est pas personnellement obligé à la restitution de la chose qu'il détient. Mais la précarité subsiste ; *la mort du détenteur précaire ne la purge pas.* » (Mourlon, *Répétitions écrites*, t. III, nº 1996).

Après une déclaration aussi nette, un aveu aussi précis ; après les affirmations du même auteur qui, ailleurs, nous représente les successeurs universels comme continuant la personne du défunt, et par

conséquent, sa possession, de telle façon qu'on pourrait dire qu'il n'y a qu'une seule possession, au lieu
de deux, celle de la personne décédée, avec ses qua-
lités et ses vices (Mourlon, *Répétitions écrites*, t. III,
n° 1839), on ne comprend pas que ce juriste distingué
s'évertue à trouver des hypothèses impossibles, où
l'obstacle à l'application de l'art. 2279 viendrait, non
de la mauvaise foi ou de la précarité, mais uniquement de l'obligation personnelle dont le possesseur
serait tenu envers le revendiquant.

Concluons donc que, pour être protégé par la
maxime : *En fait de meubles, possession vaut titre,*
il n'y a qu'a justifier de deux conditions seulement :
le *juste titre* et la *bonne foi.* On ne voit pas pourquoi
trois conditions seraient requises quand il s'agit de
meubles, alors qu'en matière d'immeubles la loi s'est
con·entée de deux. L'absence d'une obligation personnelle de restitution ne constitue pas, à proprement
parler, une condition nouvelle ; c'est la reproduction
des deux autres.

Terminons cette section, en faisant remarquer que
le maître, privé de sa chose et dans l'impossibilité
de la recouvrer par suite de la bonne foi du possesseur, ne sera pas dépourvu de recours. Il lui restera
une action personnelle en indemnité contre celui à
qui il l'avait confiée.

SECTION II

Exceptions à la règle : « En fait de meubles, possession vaut titre. »

Bien que, en thèse générale, le possesseur de bonne foi d'un effet mobilier puisse le retenir par devers lui, et résister aux plus véhémentes réclamations du propriétaire, cependant, il est des circonstances où, pour des considérations d'ordre supérieur, la loi a dû permettre le triomphe du maître de la chose sur son possesseur, et déroger au principe qu'elle avait d'abord posé en tête de l'art 2279 du Code civil. Ce sont ces dérogations qui vont faire l'objet de notre examen.

§ 1. — *De la perte ou du vol des effets mobiliers en général.*

Il n'est pas toujours aisé de se prémunir contre des faits aussi subits, aussi inattendus, que la perte et le vol. Vous avez un objet, vous l'égarez ou bien on vous l'enlève: dira-t-on que vous êtes en faute ? Vous auriez pu, peut-être, apporter plus de soin à sa conservation, veiller sur lui avec plus de sollicitude; mais, enfin, est-il possible d'affirmer que vous êtes coupable d'autant de légèreté et d'imprudence que le propriétaire qui, sans aucune précaution, sans s'être suffi-

samment renseigné, a remis sa chose entre les mains
d'un tiers, emprunteur, locataire ou dépositaire, dont
le premier acte a été un acte d'aliénation, un abus de
la foi qu'on avait eue en lui ? Évidemment non. Ce
propriétaire a bien voulu traiter avec la personne
qui l'a indignement trompé ; il lui était loisible de
s'abstenir, tout au moins de prendre des informations
plus sérieuses sur la valeur morale de l'homme
auquel il allait se fier. Au contraire, celui qui subit
un vol ou une perte est victime d'un cas fortuit qu'il
est presque toujours bien difficile d'éviter ; il a droit
à certains égards. C'est pourquoi le législateur, consacrant à son profit une exception, dans le deuxième
alinéa de l'art. 2279, l'autorise à reprendre, partout
où il la trouve, la chose qu'il a perdue ou qui lui a
été volée. Ajoutons que, de cette manière, on ne
favorise pas les voleurs, toujours intéressés à se
défaire promptement du fruit de leurs larcins, puisqu'on pousse les tiers qui traitent avec eux, par la
menace d'une éviction, à s'enquérir, avant de contracter, de la moralité du possesseur avec lequel ils
désirent s'entendre.

Ainsi, tandis qu'en général le droit de suite
échappe à celui qui a perdu la possession d'un
meuble, passé à juste titre entre les mains d'un tiers
de bonne foi, il est exceptionnellement admis en
faveur du propriétaire dépossédé par une perte ou
par un vol. En restreignant à ces seuls cas la rece-
vabilité de la revendication, le Code civil a imité l'ancienne jurisprudence, qui ne donnait ouverture à

cette action, en fait de meubles, que lorsque la dessaisine du possesseur avait été involontaire. Nous allons même trop loin. Ce n'était pas une revendication véritable que l'ancien Droit accordait dans l'espèce, mais une pure action personnelle. En cela, il différait de notre législation moderne qui concède, en pareille hypothèse, une action réelle proprement dite, ayant sa source, son principe, dans la propriété. On la refuse à quiconque n'est pas propriétaire, et, par conséquent, au simple dépositaire, emprunteur, locataire, à qui la chose aurait été dérobée ou qui l'aurait perdue.

Cette vraie revendication dure chez nous trois ans, lorsqu'elle est dirigée contre un acquéreur de bonne foi, et ces trois ans courent, non pas du jour où le détenteur actuel est entré en possession, mais du moment où l'ancien possesseur a été dessaisi de l'effet mobilier par un événement soudain, tel que la perte ou le vol. Si l'individu dépouillé laisse s'écouler le délai sans agir contre le détenteur, il sera plus tard déchu du droit que lui conférait l'art. 2279, à moins qu'il n'établisse la mauvaise foi du possesseur. Alors on rentrerait dans le droit commun. Mais la mauvaise foi ne résulterait pas nécessairement de ce que l'acquéreur serait demeuré pendant la période triennale sans faire des actes de maître, et, par exemple, sans réclamer les intérêts, si c'est d'un titre de créance dont il était devenu possesseur. Les tribunaux pourraient décider que la bonne foi suffisante a existé malgré cette circonstance, et débouter le demandeur qui ne fournirait pas d'autre preuve à l'appui de sa prétention (1).

Le point de départ du délai de trois ans, la limitation à un terme préfix du temps pendant lequel peut s'exercer l'action, ont fait à bon droit penser à quelques auteurs (2) qu'il ne s'agissait pas ici d'une prescription acquisitive, ni même libératoire, mais uniquement d'une déchéance, invocable par le présent possesseur, encore que sa possession ne datât que de quelques instants, et opposable indifféremment à toutes personnes, particulièrement aux interdits et et aux mineurs. Mais que devrait-on décider, lorsque la poursuite, au lieu d'être intentée contre un individu qui a reçu de bonne foi la chose des mains d'un voleur ou d'un inventeur, est tournée contre le voleur ou l'inventeur lui-même? De pareilles gens, cela est certain, ne peuvent demander l'application en leur faveur du second paragraphe de l'art. 2279 du Code civil. Leur mauvaise foi, leur obligation personnelle les contraignent à restituer, et leur font défense d'en appeler à une prescription instantanée. L'exception à la règle: *En fait de meubles*, etc .., concerne spécialement les tiers de bonne foi au pouvoir de qui est venue la chose soustraite ou égarée, en vertu d'une juste cause, comme la vente ou l'échange. Quoique pouvant être inquiétés pendant trois ans, en raison de cette circonstance que la chose qu'ils ont acquise avait été

(1) C. de Cassat.. rejet, Ch. civ., 5 décembre 1876 (Dalloz, 1877, 1, 166),

(2) V. Aubry et Rau, p. 112, et note 17, t. II.

volée ou perdue, ceux-ci deviennent libres après l'expiration de ce délai relativement court, et sont à l'abri de toute attaque. Bien différente est la situation du voleur et de l'inventeur eux-mêmes. Le vice de leur possession est tel, qu'il s'oppose à ce qu'ils se fassent de cette possession un titre, et ce n'est qu'après le long espace de trente ans qu'ils ne pourront plus être recherchés, qu'ils se sentiront à couvert contre toute poursuite.

Une difficulté pourtant s'est élevée à l'occasion des art. 637, 638 et 640 du Code d'instruction criminelle, qui fixent le même laps de temps pour la prescription de l'action publique et de l'action civile, résultant d'un crime, d'un délit ou d'une contravention. C'est dix ans, lorsque le vol accompli constitue un crime; trois ans, s'il ne constitue qu'un simple délit. Or, dit-on, une fois ces délais expirés, l'action publique est éteinte, et, avec elle, l'action civile; aucune voie de recours n'est plus ouverte au propriétaire dépossédé. Il en résulte que ce dernier se voit, par ces dispositions, privé d'un bénéfice dont il aurait joui : la faculté d'agir pendant trente ans, conformément au droit commun.

L'objection n'est que spécieuse. Il importe de ne pas confondre, en effet, avec l'*action civile*, action personnelle qui tend à la réparation d'un dommage causé, la *revendication*, moyen salutaire entre tous, uniquement fondé sur un droit réel, le droit de propriété, et qui aboutit à replacer le maître en possession de sa chose, sans qu'il ait à appuyer sa récla-

mation sur le vol dont il a été l'objet. Dès lors, on
serait mal venu de vouloir faire l'application des articles précités du Code d'instruction criminelle à une
action qui leur est absolument étrangère. Néanmoins,
comme le voleur est dégagé, après trois ou dix ans,
des poursuites qu'on aurait pu fonder sur son délit,
il devient impossible de l'actionner désormais autrement qu'en qualité de détenteur d'un bien dont il
n'est pas propriétaire. S'il oppose au revendiquant la
maxime : *Meubles n'ont pas de suite*, celui-ci
répliquera par un argument tiré de la mauvaise foi
de son adversaire, en s'abstenant toutefois de désigner, comme source illicite de la possession de ce
dernier, le fait de vol, définitivement couvert par la
prescription. Il ne sera pas assurément facile, sans
arguer du méfait accompli et lui donner sa véritable
qualification, de montrer que c'est indépendamment
de toute erreur involontaire, en l'absence de bonne
foi, que la chose revendiquée est passée aux mains
de celui contre lequel l'action est intentée. Cependant il pourra se produire telle circonstance où l'in-
signe mauvaise foi du possesseur apparaîtra d'une
façon assez évidente aux yeux des juges, pour que
le réclamant soit dispensé d'articuler des faits, de
nature à faire revivre un événement coupable qui
doit rester à jamais dans l'oubli.

L'exposé de ce qui précède nous amène à conclure
que, le cas particulier où l'action est directement
exercée contre le voleur mis à part (et les mêmes
principes s'appliqueraient à l'inventeur, soumis aussi,

pendant trente ans, au droit de revendication), le possesseur de la chose volée ou perdue est, par exception à la règle qu'on ne suit pas les meubles, obligé de la rendre au propriétaire qui la revendique dans les trois ans. Mais celui-ci ne doit-il aucune indemnité au détenteur qu'il vient dépouiller de la sorte? Aucune, à moins que ce tiers n'ait acheté la chose, suivant l'art. 2280 du Code civil, dans une foire, dans un marché, dans une vente publique, ou d'un marchand vendant des choses pareilles. Alors son erreur est si excusable, sa bonne foi si manifeste, qu'on ne saurait sans injustice refuser de le dédommager, au moment où on le prive d'une possession qu'il regardait comme très légitimement acquise. Le prix d'achat devra lui être remboursé par le propriétaire, auquel il restera un recours contre le voleur ou l'inventeur, à l'effet de répéter la valeur même dont il se sera appauvri en effectuant ce paiement.

Si le dernier qui a vendu la chose l'avait acquise lui-même en dehors des circonstances indiquées par l'art. 2280 du Code civil, et se trouvait exposé à la revendication du propriétaire, il ne pourrait se soustraire aux poursuites, en se défaisant de l'objet dans un marché public ou entre les mains d'un marchand de choses pareilles. L'ancien maître dépossédé et obligé de rembourser au possesseur actuel le prix de son acquisition, serait autorisé à répéter la somme déboursée contre ce vendeur malhonnête, qui avait cherché à améliorer sa position en empirant celle d'autrui.

Le possesseur qui a acheté la chose mobilière dans
une foire ou un marché, et qui est ensuite évincé, a-
t-il le droit de réclamer l'indemnité visée part l'art.
2280 du Code civil, s'il était de mauvaise foi alors
qu'il a acquis le meuble ? Les tribunaux admettent la
négative ; ils ne peuvent permettre qu'on argumente
de son dol, pour bénéficier d'une perte qu'on occasionne ainsi à un étranger (1).

Il peut se faire que les objets qu'on revendique
aient été engagés à un Mont-de-Piété. Celui qui se
prétend propriétaire doit, pour les retirer, restituer
en capital, intérêts et frais, la somme moyennant
laquelle ils avaient été remis en nantissement, avec
les formalités requises. C'est ce qu'on admettait
déjà dans l'ancien droit, comme le constatent des
lettres patentes et plusieurs ordonnances roya
les (2).

En dehors des circonstances prévues par l'art.
2280 du Code civil, on permet d'évincer librement
le possesseur de bonne foi du meuble dérobé ou
perdu. Il est coupable d'une certaine faute, ne s'étant
pas assez scrupuleusement enquis de la moralité de
son vendeur.

(1) *Sic*, Cassation, rejet, Ch. civ., 26 novembre 1825 (Dalloz, v°
Prescription, n° 298) — Rejet, Ch. civ., 17 novembre 1856 (Dalloz,
1856, 1, 392). — Trib. de la Seine, 4 février 1869 (Dalloz, 1871,
3, 95).— Trib. de commerce de la Seine, 4 septembre 1872 (Dalloz,
1873, 3, 87).

(2) Ordonn. du roi Jean, de mars 1360, art. 12 ; ordonn. de
Charles VI, du 3 septembre 1406, art. 10. — Lettres patentes de
Charles VII, du 13 septembre 1429, art. 10, 11 et 12. Lettres
patentes du 9 décembre 1777, art. 9.

Mais, puisque la revendication n'est recevable, en fait de meubles, qu'autant qu'on se trouve en présence d'une chose volée ou perdue, il ne sera pas inutile de se demander, quels objets doivent être considérés comme *perdus*, et ce qu'il faut entendre par *vol*.

La *perte* se comprend facilement. Elle existe toutes les fois qu'une chose est sortie des mains du possesseur, par suite d'un événement imputable au moins à son étourderie ou à sa négligence, ou d'un fait absolument indépendant de sa volonté, comme un cas de force majeure (exemple : une inondation). « Les choses égarées par suite d'expédition à une fausse adresse sont aussi à ranger, disent MM. Aubry et Rau (1), dans la catégorie des choses perdues, soit que l'erreur provienne de la faute d'un commissionnaire de transports ou de celle de l'expéditeur lui-même. »

Quant à savoir quel sens il convient de donner au mot *vol*, c'est là une question qui paraît avoir divisé les auteurs, bien mal à propos, selon nous. On n'a qu'à s'en tenir à la définition que nous fournit la loi française, sans recourir à celle des Romains.

A Rome, le vol consistait dans tout maniement frauduleux d'une chose, afin d'en tirer profit. Il ne supposait pas nécessairement le déplacement de l'objet. Un changement de destination, un abus de jouissance constituaient des vols. Ainsi le commodataire, qui faisait du prêt un usage autre que celui qui avait été

(1) Aubry et Rau, p. 100, t. II.

convenu, commettait un *furtum*; de même, le dépositaire, le locataire qui vendaient la chose qu'on leur avait confiée. Celui qui la recevait d'eux par voie d'achat ne pouvait pas prescrire, parce que les choses volées étaient déclarées insusceptibles d'usucapion. Mais, dans notre droit actuel (art. 379, C. pén.), le vol a une signification moins large : il comporte l'idée de déplacement de l'objet, de soustraction, d'enlèvement. Il faut qu'on m'ait ravi mon bien à mon insu ou contre mon gré; en sorte que, si je remets un de mes effets mobiliers à un emprunteur, à un dépositaire, et que celui-ci en dispose au profit d'un étranger, on ne pourra pas dire, à proprement parler, qu'il y a vol, puisque c'est volontairement que je me serai défait de ma chose entre les mains d'un tiers; il y aura un autre délit, prévu aussi par le Code pénal, le délit *d'abus de confiance*. (Art. 406 et 408, C. pén.) (1).

Et si l'on doit restreindre au vol, tel qu'il est décrit dans notre Code pénal, l'exception à la règle : *En fait de meubles*, etc....., si l'on ne peut l'étendre à des délits qui, bien que dépouillant illégalement le possesseur, ne présentent pas tous les caractères de la soustraction frauduleuse, il importe de n'en pas faire davantage l'application à l'*escroquerie*, laquelle, pas plus que la violation de dépôt et l'abus

(1) Rejet, Cassat., 23 décembre 1863 (Dalloz, 1865, 1, 8.); rejet, Ch. civ., 22 juin 1858 (Dalloz, 1858, 1, 238); Cassat., 17 août 1859 (Dalloz, 1859, 1, 347). — V. aussi arrêt de la Cour de Bordeaux. du 26 mai 1873 (Dalloz, 1876, 2, 23).

de confiance ne se confond avec le vol. Un individu contrefait l'écriture ou la signature d'une personne, à qui je prête d'ordinaire une paire de bœufs pour le labour. Sur la foi de cet écrit trompeur, je livre les animaux. L'escroc les reçoit, disparaît aussitôt, et s'en va les revendre à quelque acheteur de bonne foi. Pourrai-je évincer ce dernier ? Non, car l'acte accompli, quoique assimilable au vol, ne rentre pas dans la définition que donne la loi de ce délit. La règle placée en tête de l'art. 2279 est un principe ; le second paragraphe est une exception, qu'il faut, comme toute disposition exceptionnelle, interpréter étroitement, ne pas étendre en dehors des termes mêmes de la loi (1).

La perte et le vol sont donc les seuls cas où l'on doive admettre la revendication en matière mobilière. Le demandeur triomphera pourvu qu'il établisse, à l'aide de tels moyens qu'il jugera convenable, qu'il possédait l'objet revendiqué au moment où il l'a perdu ou quand on le lui a soustrait. Aucune autre preuve n'est exigée de lui, à cause de l'art. 2279 qui proclame que, là où est la possession, là aussi est la propriété (2).

(1) Cassat., Ch. civ., 20 mai 1835 (Dalloz, v° *Prescription*, n° 287).

(2) Si le premier acheteur de la chose volée l'avait transmise à un autre acquéreur, dans le but de se mettre à l'abri des poursuites, il serait néanmoins tenu, en raison de sa mauvaise foi, de dommages-intérêts, par une *action personnelle*, toute différente de l'action qui résulte de l'art. 2279, C. civ. (Cassat., 24 juin 1874, Dalloz, 1874, I, 429). Même solution si, au lieu de revendre la chose, il l'avait *consommée* de mauvaise foi : *res extinctæ vindicari non possunt.*

De plus nombreuses formalités, de plus rigoureuses mesures sont en usage, lorsque la perte ou le vol
portent, non pas sur des meubles quelconques, mais
sur ces effets mobiliers, si répandus de nos jours,
qu'on nomme des *titres au porteur*. C'est sur cette
partie de notre sujet que nous allons maintenant concentrer notre attention : elle offre un grand intérêt
pratique.

§ 2. — *De la perte ou du vol des titres au porteur.*

L'immense extension qu'a prise de nos jours la fortune mobilière, par suite de l'accroissement de la
dette publique et du grand nombre de sociétés commerciales, industrielles ou agricoles qui se sont cons-
tituées à notre époque, a dû nécessairement amener
l'apparition d'une foule de titres de créance, qui ont
été jetés dans la circulation.

On sait, en effet, qu'il ne se crée pas le moindre
groupement d'individus, unis dans une vue de tra-
vail ou de spéculation, sans qu'il soit aussitôt remis
à chacun d'eux un titre, représentant sa part d'intérêt dans l'entreprise commune : c'est *l'action*. D'un
autre côté, comme les premières ressources se trouvent parfois insuffisantes, et qu'il importe de donner
suite à l'opération commencée, il n'y a qu'un moyen
de se procurer de l'argent, lorsqu'on ne veut pas s'ad-
joindre de nouveaux membres, c'est de faire appel
aux capitaux étrangers. Or, quiconque prête son argent, a le soin d'exiger de celui à qui il le confie une

reconnaissance écrite. De là, cette quantité de valeurs mobilières (*rentes*, *obligations*) qu'on trouve aujourd'hui dans presque toutes les mains, et qui proviennent des emprunts fréquents contractés soit par l'Etat, les départements, les communes, soit par les associations de toute nature, qui pullulent sur notre sol. Sans compter les effets de commerce, tels que lettres de change et billets à ordre, on a évalué, il y a déjà quelques années, à 25 milliards, c'est-à-dire à près du tiers de la richesse nationale, les valeurs d'origine française ou étrangère négociées à la Bourse de Paris. Ce chiffre est assez éloquent par lui-même, pour que nous ne nous étendions pas davantage sur l'importance de semblables objets mobiliers.

Mais toutes ces valeurs ne sont pas d'égale nature ; les unes sont *nominatives*, les autres *au porteur*, c'est-à-dire, payables à quiconque les présentera à l'échéance. Les précieux avantages qu'elles procurent, quand elles affectent cette dernière forme, les ont fait avidement rechercher du public, qui leur a accordé une très légitime confiance. Aussi, ne sera-ce pas sans profit, que nous consacrerons quelques développements à les étudier sous cet aspect.

Il serait hors de propos de présenter ici un long historique, à l'effet de retracer les vicissitudes, les péripéties nombreuses que subit l'innovation relative aux titres au porteur. Tantôt acceptée comme un progrès, tantôt prohibée comme un mal, alternativement rétablie et supprimée, elle a été définitivement consacrée

par la législation qui nous régit. Nous ne remonterons
donc pas jusqu'au XVIe siècle, époque à laquelle
on avait imaginé déjà les *billets en blanc*, dans le but
de laisser toujours à n'importe quelle personne aux
mains de qui ils auraient pu venir, la faculté d'y inscrire
son nom en qualité de créancière. Qu'il nous suffise
de savoir que, de bonne heure, on éprouva le besoin
d'avoir de pareilles créations, et, sans aller au-delà
du XVIIIe siècle, nous trouvons d'Aguesseau, le 8 septembre 1747, insérant ceci dans une lettre : « On a
senti en France, surtout à Paris, où il y a des gens de
différents états extrêmement riches, combien l'Etat
était intéressé à leur procurer des moyens de faire
circuler leurs fonds sans être connus, et c'est pour
cette raison que les billets au porteur, abrogés au
mois de mai 1716, ont été rétablis par la déclaration
du roi du mois de janvier 1721. »

Ce sont, en effet, ces deux caractères essentiels :
rapidité de circulation, secret, qui ont fait des titres
au porteur un des principaux instruments de crédit.
Transmissibles de l'un à l'autre sans formalités, sans
délais et sans frais, il ne laissent aucune trace de leur
passage dans les mains des différents propriétaires.
A ce point de vue, ils constituent, comme le billet de
banque, une sorte de monnaie courante.

Mais s'ils jouissent de toutes les facilités de la propriété mobilière, ils en offrent les inconvénients. Ils
permettent au possesseur d'éluder la plupart des dispositions de nos lois civiles, en matière de successions,
par exemple, de déconfiture, d'incapacité de disposer

11

et de recevoir, etc. (art. 762, 801, 911, 913, 1099, 1167, 1310, 1460, 1477, etc., C. civ.). D'autre part, et c'est le côté qui doit, ici, nous intéresser le plus particulièrement, la perte, le vol, la destruction matérielle les atteignent aisément, et menacent sans cesse leur existence. Heureusement que le législateur est venu, quoique un peu tard, au secours de celui qui les possédait, pour l'aider dans ses recherches et le rétablir dans ses droits. Nous verrons quelle a été son œuvre.

Les rédacteurs des Codes de l'Empire n'avaient pas songé à réglementer la matière des titres au porteur. C'est à peine si, dans deux articles du Code de commerce (art. 35 et 281), ils en mentionnent le nom, et consacrent par là leur existence légale. Quelques lois ou ordonnances postérieures, notamment celle du 29 avril 1831, qui autorise la conversion des rentes nominatives sur le grand livre en rentes au porteur, ont bien eu l'occasion de s'en occuper, mais sans qu'il soit jamais intervenu à leur sujet une législation précise et complète, avant le 15 juin 1872. A cette date, a paru, enfin, une loi désirée depuis longtemps, et qui a considérablement amélioré la situation des propriétaires de titres.

Auparavant, en l'absence de textes législatifs, on était assez naturellement conduit à faire l'application de l'art. 529 du Code civil aux titres au porteur, et à les regarder comme des effets mobiliers ordinaires. Il convenait, dès lors, de les régir par les dispositions légales concernant les meubles, c'est-à-dire, par les art. 2279 et 2280, du Code civil, qui reproduisent l'ancienne maxime : Meubles n'ont pas de suite, sauf les cas de perte et de vol. Et c'est là, effectivement, ce que faisait la jurisprudence, obligée de combler de son mieux les lacunes du législateur.

Sa tâche n'était pas facile; elle avait à trancher un triple conflit, à sauvegarder les droits du propriétaire au regard de trois sortes de personnes :

1° L'individu par le fait duquel il se trouvait dépossédé ;

2° L'acquéreur de bonne foi, qui retenait les titres perdus ou volés ;

3° L'Etat ou la Compagnie qui les avait émis.

Vis-à-vis du *voleur* ou de *l'inventeur*, les tribunaux concédaient au détenteur de titres dépossédé une action qui durait trente ans, pour réclamer soit les titres eux-mêmes, soit leur valeur. Peu importait que ces objets fussent passés aux mains de quelque détenteur précaire, tel que dépositaire, mandataire, créancier gagiste, car ceux-ci, nous ne l'ignorons pas, restent toujours soumis à une obligation personnelle de restitution.

Par rapport *au tiers de bonne foi*, qui avait régulièrement acquis les titres égarés ou soustraits, il ne s'élevait non plus aucune difficulté. On observait le droit commun (art. 2279). Pendant trois ans, la revendication était accordée au propriétaire, sans préjudice du recours que pouvait exercer le possesseur, contraint à rendre, contre celui du chef de qui il tenait les objets. Quand les titres avaient été achetés dans un marché public, c'est-à-dire à la Bourse, et par le ministère d'un agent de change, l'art. 2280 entrait en ligne de compte, et l'acquéreur de bonne foi ne devait alors les restituer, qu'autant qu'on consentait à lui rembourser le prix qu'ils lui avaient coûté. C'est encore la théorie qui est mise en pratique à notre époque, et les tribunaux permettent de revendiquer les titres, parce qu'en fait ils portent des numéros qui les rendent facilement reconnaissables (1).

Mais, là où la question devenait délicate, c'est lorsqu'il s'agissait de régler la position du propriétaire au regard de *l'État* ou des *Compagnies*. Les textes faisaient défaut, et il fallait y suppléer. Longtemps les Compagnies soutinrent une exorbitante théorie: elles prétendaient, fait remarquer M. Bonjean, dans son excellent rapport au Sénat, du 2 juillet 1862 (2), elles prétendaient ne pouvoir être contraintes ni à servir les intérêts et dividendes, ni à payer le capital, ni à délivrer des duplicata des titres détruits, perdus ou volés. « Nous ne devons pas à la personne, disaient-elles, nous ne devons qu'au titre ; il nous est impossible de reconnaître comme associés ou comme créanciers ceux qui n'en produisent pas. En nous constituant avec des titres au porteur, nous avons voulu nous soustraire aux difficultés qui résultent des questions de propriété des valeurs nominatives ; le con-

---

(1) Paris, 2 août 1856 (Dalloz, 1857, 2, 56) — V. aussi Paris 8 avril 1859 (Dalloz, 1859, 2, 93).

(2) Consulter le *Moniteur officiel* du 3 juillet 1862.

trat a eu lieu sous cette loi, que la perte du titre entraînerait déchéance du droit lui-même, et cette loi a été acceptée par ceux qui ont souscrit nos obligations et nos actions. Ainsi, ce serait nous jeter dans des procès bien plus périlleux que ceux que nous avons voulu éviter, que de nous obliger à discuter avec quiconque ne peut représenter ses titres. »

Quelques instants à peine de réflexion suffisent, pour se convaincre de l'inanité de telles prétentions. Dire qu'il n'est dû qu'au titre, et que, le titre disparu, on peut refuser le paiement, c'est vraiment là un argument trop subtil. On ne nie pas, en effet, l'obligation du débiteur ; on se contente de soutenir que le porteur seul du titre peut être considéré comme l'ayant-droit. Or, rappelons-nous la notion de l'obligation. On la définit, un rapport juridique entre *deux personnes*, qui astreint l'une vis-à-vis de l'autre à l'exécution d'une prestation quelconque. Il ne s'agit pas du tout, là dedans, d'une relation avec un objet matériel, inanimé, le titre ; il n'y est parlé que d'un lien qui rapproche et unit deux individualités vivantes, deux êtres humains. L'écrit ne constitue jamais qu'un moyen de preuve ; dressé pour constater l'obligation, il ne la crée pas. Donc, s'il disparait, ce sera parfois un fâcheux accident, à cause de l'impossibilité où l'on pourra se trouver d'établir suffisamment son droit, mais ce droit ne sera pas, par là même, éteint. Il n'y a que les modes prévus par le législateur, d'où puisse résulter l'anéantissement d'une créance. Par conséquent, lorsqu'on affirme que la perte ou la destruction du titre, c'est-à-dire, du signe de l'obligation, doit libérer le débiteur, on émet un raisonnement captieux qui, s'il était suivi en pratique, n'aboutirait à rien moins qu'à la spoliation du créancier. En vain alléguerait-on que c'est là un résultat parfaitement voulu des souscripteurs, qu'ils n'auraient pas dû adhérer au contrat. Non, il n'est pas vrai de dire que la perte du titre, de *l'instrumentum*, du papier destiné à la preuve doive entraîner, au profit de l'Etat ou de la Compagnie, déchéance du droit lui-même. Une pareille clause est si contraire à la morale, qu'on n'a jamais encore osé l'insérer dans les statuts des Compagnies, et que, certainement, si on venait à l'y comprendre, elle serait déclarée nulle comme contraire aux lois et à l'ordre public. Nul ne saurait moralement trouver son avantage dans l'infortune et la ruine d'autrui.

La justesse de ces considérations n'avait pas échappé à la jurisprudence. Pour elle, le problème se posait en ces termes : reconnaître les droits du créancier, sans toutefois exposer le débiteur à un double paiement. Il pouvait arriver, en effet, qu'un tiers de bonne foi, étranger à toute idée de spéculation et de fraude, eût acquis les titres perdus ou volés, et se présentât pour toucher les intérêts, les dividendes ou, en général, toutes sommes échues. Ce tiers porteur étant en possession de la créance, on n'aurait pu se refuser à lui donner satisfaction. (Art. 1240, C. civ.)

La première décision, qui intervint sur le sujet, ne fut pas rendue d'une façon conforme aux principes.

Elle émana de la Cour de Paris, le 23 juillet 1836, et fut postérieurement maintenue par la Cour suprême (1).

La question n'avait pas encore été suffisamment mûrie ; les juges s'étaient beaucoup préoccupés des intérêts de la société débitrice, et trop peu de ceux du propriétaire. « Lorsqu'on ne peut représenter le titre, disait l'arrêt de la Cour de Paris, en reproduisant la formule que nous connaissons déjà, on n'est plus réputé propriétaire à l'égard du débiteur, lequel, *ne devant qu'au titre*, ne doit qu'à celui qui le représente. » Mais une seconde sentence de la même Cour, en date du 3 juillet 1838, répudia complétement cette doctrine, et désormais, d'une façon invariable, il fut jugé, à Paris, que le détenteur de titres qui, d'abord, justifiait de sa propriété, puis, prouvait avoir été victime d'un vol, d'une perte ou de tout autre événement de nature à entraîner sa dépossession, ne devait point être regardé comme dépouillé de son droit. On considéra que la dette existait, non plus vis-à-vis du papier, mais vis-à-vis de la personne de l'actionnaire ou de l'obligataire, sauf à celui-ci, à fournir certaines garanties déterminées par le juge, afin que la perte du billet ne retombât pas sur le débiteur, et que ce dernier ne fût pas contraint à payer deux fois (2).

(1) Paris, 23 juillet 1830, et Rejet, Cassat., 5 décembre 1837 (Sirey, 1837, 2, 103 ; 1838, 1, 320).

(2) Arrêts du 27 février 1854 (Sirey, 1854, 2, 855). — 29 juillet 1857 (Sirey, 1857, 2,636). — 13 mai 1865 (Sirey, 1865, 2, 153).

En conséquence, voici les mesures qui durent être prises :

La Compagnie remettait à la caisse des dépôts et consignations, au fur et à mesure des échéances, les intérêts et dividendes semestriels et annuels; et de plus, en cas de liquidation ou de remboursement, le capital relatif aux titres perdus ou détruits (1).

Passé le délai de cinq ans, tous *revenus* non réclamés se trouvaient prescrits contre le détenteur, dont les exigences devaient désormais rester vaines. On pouvait donc, dès cet instant, permettre au propriétaire de toucher les intérêts et dividendes auxquels il avait droit.

Pour ce qui est du *capital*, ce n'est qu'après trente ans que le propriétaire était admis à le recevoir, et ce n'est aussi qu'après le même laps de temps qu'il pouvait obtenir des *duplicata*.

Ce système, favorable à la Compagnie et au tiers détenteur, puisqu'on attendait, pour repousser ce dernier, que la prescription eût couru contre lui, ne profitait qu'assez mal au propriétaire, lequel demeurait longuement privé d'un argent indispensable, peut-être, à son existence et à celle de sa famille. On lui retenait les intérêts pendant cinq ans, et le capital pendant trente ans depuis son exigibilité. Que d'anxiétés, que d'inquiétudes, tant que ce terme reculé n'était pas arrivé! Dans l'intervalle, un tiers

(1) Voir le rapport au Sénat de M. Bonjean : *Moniteur officiel* du 8 juillet 1862.

porteur ne se présenterait-il pas au paiement ? La Compagnie ne deviendrait-elle pas insolvable ? Mais la loi était muette, et il n'appartenait pas à la jurisprudence de faire fonction de législateur.

Aussi les choses demeurèrent-elles en cet état, jusqu'en 1872. Le 15 juin de cette année fut votée une loi, dans le but de combler une lacune évidente de notre législation. Il s'agissait de créer des formalités propres à assurer l'exercice des droits du propriétaire. Pour cela, trois catégories de dispositions furent émises, répondant à des besoins particuliers de la personne dépossédée. Ces besoins étaient : 1° la perception des revenus ou même le remboursement du titre ; 2° la nécessité d'empêcher la négociation du titre et son passage entre les mains d'un tiers de bonne foi, capable d'invoquer la maxime : *En fait de meubles, possession vaut titre* ; 3° l'obtention d'un titre nouveau, permettant de mettre en circulation la créance acquise contre l'Etat ou une Compagnie.

Voyons les dispositions de la loi se rapportant à ces trois ordres de faits.

PREMIÈRE PRÉOCCUPATION DU PROPRIÉTAIRE : *Percevoir les intérêts, les dividendes et toutes sommes payables sur le titre.*

La loi du 15 juin 1872, pour satisfaire à cette première nécessité, pose une série de règles, contenues dans les art. 2, 3, 4, 5, 6, 7, 9, 10, et qui se résument dans trois actes principaux :

1° *Opposition* faite entre les mains de l'établissement débiteur;

2° *Demande en autorisation*, adressée au président du Tribunal civil du domicile de l'opposant, à l'effet de toucher les intérêts ou dividendes échus, et le capital devenu exigible;

3° Offre d'une *caution* ou d'un *nantissement*.

Cette procédure accomplie, les paiements effectués entre les mains de l'opposant seront parfaitement réguliers et libéreront de plein droit la Compagnie, qui n'aura plus à redouter aucun recours de la part des tiers. Autrefois, nous l'avons vu, il en était différemment. La Compagnie ne consentait à payer celui qui avait fait opposition, qu'après l'expiration du laps de temps fixé par l'art 2277, du Code civil, lorsqu'il s'agissait d'annuités, et l'art. 2262 du Code civil, lorsqu'il s'agissait d'un capital; cela, parce que la prescription seule pouvait la dégager elle-même vis-à-vis des tiers. Mais, à présent, elle se trouve immédiatement libérée; le tiers porteur, au préjudice duquel les paiements auraient été faits, est privé de toute action contr'elle, et ne conserve plus que la faculté d'agir contre l'opposant qui aurait formé son opposition sans cause.

DEUXIÈME PRÉOCCUPATION DU PROPRIÉTAIRE : *Empêcher l'anéantissement de son droit sur les titres.*

La Cour de cassation a jugé, que celui à qui on a volé des titres au porteur peut les revendiquer entre les mains de l'agent de change chargé d'en opérer la vente (1). Une telle décision se conçoit fort bien, si l'on songe que les effets de ce genre sont en tout point assimilables aux choses mobilières corporelles; mais elle ne saurait, à elle seule, servir de sauvegarde suffisante au propriétaire, qui doit toujours craindre de voir disparaître ses droits. Aussi, la loi de 1872 a-t-elle prescrit certaines formalités fort utiles, destinées à parer aux chances de perte qui résultaient pour les possesseurs de titres de la rapidité de transmission de ces valeurs.

Le aître dépossédé fera notifier au syndicat des agents de change de Paris une opposition par exploit, contenant réquisition de faire publier les numéros des titres dans un bulletin quotidien, créé à cet effet. Toute négociation ou transmission, même à l'amiable, postérieure au jour où le bulletin sera parvenu dans le lieu où elle a été faite, demeurera dépourvue d'efficacité vis-à-vis de l'opposant. Les opérations, au contraire, qui seront antérieures à l'apparition dans la localité de cette espèce de feuille officielle, resteront sous l'empire du droit commun. On appliquera le § 1 de l'art. 2279, si les titres vendus ont été détournés par la personne à qui on les avait confiés, le § 2, s'ils ont été volés ou perdus, et au cas où on se les serait procurés dans un marché public, c'est-à-dire à la Bourse, ou chez un marchand de choses pareilles, par exemple, un changeur

(1) Rejet, Ch civ., 5 mai 1874, (Dalloz, 1874, 1, 291).

habitué à commercer sur des valeurs négociables, on aurait le droit d'exiger une indemnité, si l'on était contraint de rendre. (Art. 2280, C. civ.).

Nous venons de dire, que les gens qui achètent chez un changeur vendant d'ordinaire des valeurs au porteur sont réputés acheter dans un marché public. La réciproque n'est pas vraie; et quand ce sont les changeurs eux-mêmes qui acquièrent des titres d'un particulier, on ne les considère pas comme ayant traité dans un marché, pour leur permettre d'invoquer l'art. 2280 du Code civil. Ce n'est pas le marchand lui-même que la loi a voulu protéger dans cet article, mais celui qui a contracté avec lui. Quand le changeur fait une opération de son négoce, il n'est qu'un commerçant sans aucun caractère public, il trafique pour lui-même et en son nom, comme un simple particulier. (V. art. 11, 12, 14, de la loi de 1872.)

Une fois l'opposition publiée, il sera loisible au tiers porteur de l'attaquer, comme faite *irrégulièrement* ou *sans droit*. (Art. 12, *in medio*). Il pourra également agir contre son vendeur par l'action ordinaire de garantie (art. 1599, 1626 et suiv., C. civ.), et poursuivre l'agent de change employé dans l'opération, lorsqu'il se trouvera en faute. La responsabilité de ce dernier, décide l'art. 12, *in fine*, sera engagée toutes les fois que les oppositions lui auront été signifiées personnellement, ou qu'elles auront été publiées dans le bulletin par les soins du syndicat. Ce n'est donc pas précisément pour avoir violé une règle de sa profession, comme certains l'ont

prétendu (1), mais pour dommage causé à autrui par
négligence, défaut de soins, que l'agent de change se
verra soumis à un recours de la part du propriétaire
des titres. C'est l'avis de la jurisprudence française (2).
La question ne se pose plus en Belgique, depuis la
loi du 30 décembre 1867, art. 64, qui a déclaré libres
les professions d'agent de change et de changeur.

Autrefois, les oppositions de la personne dépouillée
de ses titres étaient signifiées au syndicat des agents
de change, et dès ce moment, celui d'entr'eux qui né-
gociait les valeurs dérobées, sans tenir compte de
l'opposition faite entre les mains de la Compagnie
tout entière, pouvait être déclaré en faute. Pour se
soustraire à une aussi onéreuse responsabilité, le
syndicat cessa de tenir le registre où les oppositions
étaient transcrites, et il ne resta plus au propriétaire
dépossédé, comme moyen d'enrayer l'action de ces
officiers publics, que les significations individuelles.
Actuellement, c'est le procédé généralement suivi.
Les agents de change se récrient bien, trouvant encore trop onéreux les devoirs qu'on leur impose, et
alléguant que leur surveillance ne saurait jamais être

(1) On a dit, et il a été jugé en France, que les agents de change
sont responsables, en ce sens qu'ils doivent garantir *l'identité ou
l'individualité* de ceux qui leur présentent des titres au porteur,
pour en opérer la vente. Cette opinion erronée, qui se fondait sur
une disposition faussement interprétée de l'arrêté de 27 prairial
an X, n'a pas été admise par la Cour de cassation. (Cassation,
21 novembre 1848, Dalloz 1848, 1, 439).

(2) Rejet, 10 juillet 1850 (Dalloz, 1860, 1, 463). — Rejet, Ch. civ.,
21 novembre 1848 (Dalloz, 1848, 1. 240). — Idem, 5 mai 1874
(Dalloz, 1874, 1, 201).

assez active au milieu de ce nombre infini d'opérations qu'ils concluent chaque jour ; mais les tribunaux n'ont pas jugé à propos de donner satisfaction à ces réclamations mal justifiées, et la Cour de Paris, notamment, les a repoussées par des considérations remarquables, dans un arrêt fortement motivé (1). Nous ne pouvons mieux faire que de reproduire ici les termes de cette sentence :

« La Cour,

« Considérant, que ce sont les agents de change eux-mêmes, qui ont indiqué la *signification individuelle* de la perte ou du vol comme le moyen unique de leur imposer l'obligation de surveillance sur les ventes par eux opérées ; — que si, aujourd'hui, ce moyen de provoquer leur examen pouvait être repoussé par eux, il deviendrait impossible au propriétaire dépouillé de rien faire pour arriver à suivre les titres enlevés ; que les valeurs volées ou perdues seraient aliénées sans aucun obstacle, et que la propriété mobilière, si considérable à cette heure, se trouverait dans cette situation que les officiers publics, chargés par privilége d'en négocier la vente, seraient des agents directs et irresponsables de sa transmission frauduleuse ;

« Considérant, qu'il ne peut en être ainsi, que les agents de change ne sont point admissibles à se prévaloir de ce qu'ils font beaucoup de ventes, pour être dispensés de les surveiller ; que si leurs obliga-

(1) Paris, 25 janvier 1868 (Sirey, 1868, 2, 42).

tions s'étendent ainsi, leurs bénéfices suivent la même
proportion, et qu'il est inadmissible qu'un [officier
public puisse s'appuyer sur l'accroissement]de ses
profits pour restreindre sa responsabilité;

« Considérant, d'ailleurs, que cette obligation n'est
point aussi lourde que le prétend l'intimé; que la
première et la souveraine garantie pour l'argent est
dans la situation personnelle du client pour lequel il
agit; que, lorsque le client est honorable et solvable,
l'officier public trouve là une certitude que l'objet mis
en vente n'a été ni volé, ni perdu, et que, dans l'hypothèse contraire, l'action en revendication serait sup-
portée par le détenteur et non par l'agent de change;
que l'examen se réduit donc au cas où le client est
inconnu ou ne présente pas de suffisantes garanties,
mais qu'alors c'est un devoir pour l'agent de change
de se renseigner, etc.

• Considérant, d'autre part, que la surveillance
ne doit pas être indéfiniment exercée, comme on le
prétend; que l'action en revendication, ne durant
que *trois années*, le dommage résultant de la vente
s'arrête à la même limite, et l'obligation de l'agent
de change s'éteint par la même raison;

« Infirme, etc. »

La Cour suprême, le 5 mai 1874, a sanctionné de
son autorité cette manière de voir (1).

_____

(1) Rejet, Ch. civ., 2 arrêts du 5 mai 1874 (Dalloz, 1874, 1, 291,
292).

TROISIÈME PRÉOCCUPATION DU PROPRIÉTAIRE : *Se procurer un nouveau titre, afin de pouvoir négocier, le cas échéant, sa créance contre l'État ou la Compagnie.*

Lorsqu'il se sera écoulé dix ans, depuis l'autorisation donnée par le Président du tribunal de toucher les sommes exigibles, et que, pendant le même laps de temps, l'opposition aura été publiée, sans que personne se soit présenté pour recevoir les intérêts ou dividendes, l'opposant pourra exiger de l'établissement débiteur, qu'il lui soit remis un titre semblable et subrogé au premier. Ce titre devra porter le même numéro que le titre originaire, avec la mention qu'il est délivré *par duplicata.* Mais, si l'on venait à établir d'une façon parfaitement certaine que, dès à présent, le titre originaire est complétement détruit, nul doute que, sans attendre l'expiration des dix années, on ne put se faire remettre un duplicata par la Compagnie, sur un ordre du tribunal. En tout cas, le titre primitif sera frappé de déchéance, et le tiers porteur qui le représentera après la remise du nouveau titre à l'opposant, n'aura contre celui-ci qu'une action en réclamation de la pièce dont on l'a indûment nanti, si par hasard l'opposition avait été faite sans droit. C'est toujours, du reste, au propriétaire qui demande un duplicata à payer les frais qu'il occasionne et à garantir par un dépôt ou par une caution, que le numéro du titre frappé de déchéance sera

publié pendant dix ans, avec une mention spéciale, au
bulletin quotidien. (Art. 15, loi de 1872).

Telle est, à peu près, l'économie de cette loi du 15
juin 1872, qui a réalisé un véritable progrès. Le
législateur nous avertit, en terminant cette matière
(art. 16), que les dispositions qui précèdent ne concernent ni les rentes sur l'État, parce que, déclarées
insaisissables, leurs arrérages ne sauraient être
frappés d'opposition, ni les billets de banque, ce qui
eut été inutile à indiquer, puisqu'ils ne rentrent pas
précisément dans la catégorie des objets qu'on est
convenu d'appeler des titres au porteur. Cela n'em-
pêché pas, cependant, que le billet de banque ne soit
payable à vue à quiconque le présente au remboursement. Il n'est autre chose qu'un écrit contenant
l'énonciation d'une créance, dont on peut à toute
heure exiger le paiement.

C'est ce caractère du billet de banque, qui a pu
conduire la jurisprudence, avant 1872, à lui appliquer
les mêmes décisions qu'aux titres au porteur proprement dits. Le 4 mars 1865, en effet, la Cour d'Alger
avait à se prononcer, à ce sujet, pour la première fois.
Elle déclara que le propriétaire d'un tel billet pouvait
en réclamer le montant, quand même il ne le repré-
sentât pas, à la seule condition d'établir qu'il lui avait
été volé ou qu'il l'avait perdu (1). « La preuve de la
perte, disait-elle, équivaut à la représentation du titre.
Le billet de banque constitue une véritable recon-

(1) Alger, 4 mars 1865 (Sirey, 1865, 2, 155).

12

naissance. un titre de créance donnant au bénéficiaire
le droit de demander, comme dans toute obligation,
le paiement en monnaie de la somme énoncée et reçue
par le débiteur. » Malheureusement, la chambre civile
de la Cour de cassation, alors imbue de l'idée que
la dotte n'existait que vis-à-vis du titre, cassa
l'arrêt (1). Depuis, nous savons qu'elle est revenue
sur cette façon d'apprécier, et il est probable que si
les tribunaux de notre époque avaient encore à
statuer à cet égard, ils décideraient pour les billets
de banque, comme ils le font pour les véritables titres
au porteur.

On discutait beaucoup, jadis, le point de savoir, si
les coupons détachés devaient être assimilés aux
titres eux-mêmes, si les dispositions de la loi relatives aux cas de perte et de vol leur étaient applica-
bles. Le tribunal de commerce de la Seine, en 1858
et 1862, c'est-à-dire, dans deux jugements distincts,
soutint la négative, disant qu'on ne pouvait ranger
ces objets parmi les effets mobiliers ordinaires. Il
fallait, suivant lui, les gouverner uniquement, sans
aucune exception, par la règle : *En fait de meubles,
possession vaut titre*, comme la pièce de monnaie.
La Cour de Paris ne fut pas de ce sentiment; elle ne
goûta pas les raisons fournies à l'appui de son système par le tribunal de commerce, et réforma le premier des deux jugements sus-mentionnés, duquel seul
il avait été interjeté appel (2). Elle reconnut formel-

(1) Ch. civ., Cassat., 8 juillet 1867 (Sirey, 1867, 1, 317).
(2) Paris, 23 décembre 1858 (Dalloz, 1859, 2, 111).

lement qu'il faut, de toute nécessité, distinguer le coupon, valeur imaginaire, conventionnelle, de la monnaie, qui possède en soi une valeur parfaitement réelle ; que d'ailleurs, à l'aide du numéro qu'il porte, le coupon est facile à découvrir, et qu'on en peut toujours constater l'identité; qu'enfin, si sa transmission est exempte de formalités gênantes, elle n'en donne pas moins lieu à une vente, à une négociation, qui doit le faire assimiler aux objets mobiliers autres que la pièce d'argent. Tout cela était parfaitement juste, et confirmait la doctrine d'après laquelle il n'existe aucune différence, en ce qui concerne le droit de suite, entre le coupon et le titre lui-même. L'un et l'autre sont également régis par les art. 2279 et 2280 du C. civ.

Mais que décider dans l'hypothèse où un commerçant, ayant reçu pour votre compte des titres au porteur qu'il s'était chargé d'encaisser, vient à tomber en état de faillite? Pourrez-vous reprendre ces objets entre ses mains? Sans nul doute; car, quoique confondus, en fait, dans les biens du failli, ils n'appartiennent pas à la masse. C'est vous qui en êtes le propriétaire, et c'est en cette qualité que vous agissez. Tâchez donc d'établir l'identité des titres, en prouvant votre droit de propriété, et nécessairement vous triompherez dans cette cause (1).

(1) Rejet, Ch. civ., 11 juin 1872 (Dalloz, 1873, 1, 121).
Sur la question de savoir quand sera suffisamment établie l'*identité* des titres, des difficultés se sont élevées devant les tribunaux. Il a été jugé que l'*identité* pouvait résulter de l'envoi au client des numéros des titres, ou de leur inscription sur les registres du failli. (Paris, 6 juillet 1870; Dalloz, 1871, 2, 182); ou bien

L'espèce que nous venons de signaler rentre dans le nombre des cas où la loi a admis la revendication en matière de faillite. Nous sommes donc naturellement amené à parler de cette revendication Seulement, comme elle ne constitue pas une contradiction directe de la règle : *En fait de meubles, possession vaut titre*; qu'elle n'est, au contraire, que la consécration pure et simple des droits du propriétaire, en face d'un détenteur précaire qui ne saurait avoir usucapé; qu'il n'y a, par suite, aucune dérogation aux principes, nous nous bornerons à de courtes explications sur ce sujet, et c'est sous forme d'appendice que nous en donnerons un léger aperçu.

APPENDICE

De la Revendication en matière de faillite.

Le législateur suppose dans les art. 574 et suivants du Code de commerce, qu'un négociant, détenteur d'effets mobiliers qui ne sont pas à lui, est tout-à-coup déclaré en faillite. La question se pose aussitôt de savoir, si le maître de ces objets aura la faculté d'en ressaisir la possession à l'encontre des divers créanciers de la masse, ou s'il devra les laisser se con-

---

encore, de ce qu'une étiquette, portant le nom du client, aurait été attachée aux titres. (Douai, 1867, 8 février; Dalloz, 1867, 1, 121.) — V. brochure de M. de Folleville, sur la *Revendication des titres au porteur*.

fondre avec les biens du débiteur, dont l'administration va être confiée à un syndic. Sans hésiter, le Code répond que la revendication lui sera accordée; et c'est là, la solution vraie. Le revendiquant n'allégue point un privilége, un droit de préférence au regard des autres créanciers; il se prétend propriétaire. Ce qu'il réclame, ce sont des choses prêtées à usage, données en gage, ou remises au failli dans toute autre vue que celle de lui en transférer la propriété. Celui-ci doit donc rendre, parce qu'il est personnellement tenu à la restitution, et que les personnes appelées à produire dans la faillite, qui actuellement le représentent, ne peuvent avoir de plus larges pouvoirs que lui.

Les cas de revendication sont fort nombreux, en notre matière. Trois d'entr'eux offrent surtout de l'intérêt. Ce sont :

La revendication d'objets déposés ou consignés;

La revendication exercée par la femme du failli;

La revendication du vendeur de meubles.

Nous allons succinctement examiner, en cet endroit, les deux premières hypothèses, réservant la troisième, dans le but de lui consacrer bientôt de plus longs développements.

1° *Revendication d'objets déposés ou consignés.* — Parmi les objets mobiliers soumis à la revendication, l'art. 574, C. com., nomme d'abord les effets dits *de portefeuille* ou de commerce. Souvent il arrive, qu'on remet à un négociant, ami ou banquier, des

billets souscrits par des tiers, et dont on le charge
d'opérer le recouvrement; si ce commerçant tombe
subitement en état de faillite, il ne sera pas juste
d'autoriser ses créanciers à retenir, comme garantie,
des valeurs qui n'ont jamais été leur gage, parce que
jamais elles ne furent comprises dans le patrimoine
de leur débiteur. Aussi, les obligera-t-on à les rendre,
sur la seule preuve que c'est pour un usage déterminé, et non pas à titre de propriétaire, que celui-ci
les avait reçues (1). Toutefois, la revendication
cesserait d'avoir son efficacité habituelle, si, avant
la faillite, le mandataire avait touché le montant des
effets, et confondu avec le sien l'argent provenant du
paiement; ou bien, s'il avait négocié le titre à un tiers
empressé de venir s'acquitter en ses mains. Certains,
même, prétendent qu'il en serait ainsi, encore que
l'acquéreur du titre n'en eût pas payé le prix, ou, ce qui
est plus remarquable, bien que l'irrégularité de l'endossement put être alléguée contre lui. On sait, pourtant, que l'endossement irrégulier n'équivaut qu'à
mandat, et ne confère pas la propriété.

Mais, c'est surtout à l'occasion des *marchandises*,
c'est-à-dire, d'objets mobiliers sur lesquels porte un
véritable *dominium*, que la revendication est acceptée
par le Code de commerce. L'art. 575 est formel :
« Pourront être revendiquées, les marchandises consignées au failli à titre de dépôt ou pour être vendues
pour le compte d'autrui. » La loi distingue la consi-

(1) Rouen, 28 janvier 1858 (Dalloz, 1858, 2, 104).

gnation avec mandat de vendre, et le dépôt sans
mandat de vendre, au moins actuellement. Dans les
deux hypothèses, la faculté de réclamation et de pré-
lèvement subsistera, pour le propriétaire, aussi longtemps que les marchandises existeront en nature en
la possession du failli. Que si ce dernier les avait
vendues, quoique sans les livrer, il y aurait lieu
alors d'examiner si c'est à titre de dépôt ou de consi-
gnation qu'on les lui avait confiées. Au premier cas,
la revendication resterait contre lui avec ses plus
entiers effets, parce qu'il est interdit au dépositaire de
vendre; au second, l'action serait irrecevable, parce
qu'il appartenait au consignataire d'aliéner. Dans
cette dernière hypothèse, le droit du maître se repor-
terait sur le prix, à la condition que le mandataire
n'eut pas encore touché les écus; car, s'il les avait
reçus et qu'il les eût, dans sa caisse, mêlés avec les
siens, la créance contre le tiers débiteur serait éteinte,
et le commettant se verrait réduit au pur rôle de
créancier dans la faillite. Ajoutons qu'en matière
commerciale tout règlement fait en valeurs égalant
le paiement, ce règlement, lorsqu'il se produira, mettra obstacle à la revendication, et cette circonstance
rendra fort rares les cas dans lesquels le prix pourra
être utilement revendiqué.

Dans sa partie finale, l'art. 575 du Code de
commerce parle de *compensation en compte courant.*
Cela veut dire que, par le fait de son insertion dans
un pareil compte, la créance a perdu son existence
propre, et n'est plus susceptible d'être réclamée comme

ayant une individualité distincte; peu importe qu'en réalité il y ait eu ou non *compensation*, dans le sens ordinaire de ce mot.

Tout propriétaire pourra se prévaloir de la revendication dont s'occupe le Code de commerce, et les femmes ne seront pas exceptées. De là, la seconde hypothèse que nous avons annoncée.

2° *Revendication exercée par la femme du failli.* — Le législateur a voulu accorder une protection toute spéciale aux épouses des commerçants, et empêcher que les biens qu'elles avaient apportés à leur mari, devenu malheureux en affaires, ne restassent confondus dans l'actif de la faillite et ne servissent à désintéresser les créanciers. C'est pourquoi les art. 557 et suivants du Code de commerce, donnent aux femmes des faillis le pouvoir de recouvrer tout ce qu'elles s'étaient constitué par contrat de mariage, ou qui leur était advenu par succession, donation entre-vifs ou testamentaire, sans tomber en communauté. On ne distingue pas entre l'argenterie, les bijoux, etc., et les autres objets mobiliers proprement dits; elles pourront tout reprendre, à la condition de justifier de l'apport. Seulement, comme il serait possible que, à l'aide de déloyales manœuvres, on fît passer une bonne partie de ce qui subsiste encore de la fortune du failli entre les mains de son épouse; comme la loi, d'ailleurs, en mettant la femme à l'abri de l'action des créanciers, n'entend pas cependant la faire profiter au détriment de ces derniers, l'art. 560

exige pour la justification des apports, justification toujours nécessaire, quelque régime qui ait été adopté par contrat de mariage (art. 559), un inventaire ou tout autre acte authentique, par exemple l'état estimatif requis pour les donations de meubles. (Art. 948, C. civ.) (1).

Ces indications complètent l'exposé des diverses situations dans lesquelles le droit de suite appartiendra au maître de la chose, en matière mobilière. La grande dérogation à la règle : *En fait de meubles, possession vaut titre*, est celle qui se présente dans les cas de perte ou de vol. Quant au droit de revendication du Code de commerce, c'est plutôt, nous l'avons dit, une confirmation de la règle, qu'une exception.

Au demeurant, et en dehors de ces diverses hypothèses à l'examen desquelles nous venons de nous appliquer, le principe reprend son empire : Il n'y a pas de suite pour les meubles. Réputé propriétaire, dispensé de rendre compte de l'origine de son droit, celui qui les possède de bonne foi ne verra réfléchir contre lui aucune des actions en résolution, nullité ou rescision, qui auraient pu être dirigées contre le précédent détenteur. On le considérera même comme nanti d'un bien franc et libre de toute charge *réelle*; et delà, les conséquences suivantes :

(1) S'il s'agissait d'acquisitions, non plus *à titre gratuit*, mais *à titre onéreux*, il faudrait exiger un acte, sinon authentique, du moins ayant date certaine ; car, des articles du Code de commerce, il résulte, que la *masse* est ici un tiers ayant des droits opposés à ceux du failli.

Celui qui jouissait antérieurement d'un *droit d'usufruit* sur la chose le perdra, par cela seul qu'il aura été privé de la possession de l'objet;

Le créancier, qui bénéficiait *d'un privilége* sur un effet à lui remis en nantissement, verra disparaître cette cause favorable de sa créance, aussitôt que le gage viendra à sortir de ses mains;

Enfin, cet autre créancier, dont l'hypothèque s'est étendue, du jour où elle a pris naissance, sur les immeubles par destination, assistera à l'anéantissement de cet accessoire de son droit, dès que ces objets, séparés du sol au service duquel ils étaient affectés, reprendront leur véritable caractère. Meubles, d'après leur nature, ils appartiendront alors à celui qui les aura appréhendés de bonne foi.

Les deux dernières propositions viennent à l'appui de ce nouvel adage: *Meubles n'ont pas de suite par hypothèque.* C'est la disposition de l'art. 2119 du Code civil. Elle va nous servir de transition naturelle, pour passer à l'étude de la seconde partie de notre sujet: Le droit de suite envisagé *au regard des créanciers.*

CHAPITRE II

Droit de suite au regard des créanciers.

SECTION PREMIÈRE

Pouvoirs des créanciers sur le patrimoine du débiteur. — De la règle : « Meubles n'ont pas de suite par hypothèque ou privilège. »

Toute personne qui s'oblige est réputée affecter à l'acquittement de son obligation la généralité de ses biens, corporels ou incorporels, mobiliers ou immobiliers, présents ou à venir (2092, C. civ.). Le patrimoine du débiteur, dans son ensemble, répond des dettes que celui-ci contracte et sert de gage à tous ses créanciers. Cependant, il faut le reconnaître, ce n'est là qu'un gage imparfait. N'enlevant pas au débiteur la faculté de s'obliger à nouveau ou de disposer sans fraude de ses biens, il reçoit le contre-coup des variations diverses qui peuvent se produire dans la fortune de ce dernier. Il diminue ou augmente, à mesure que baisse ou s'accroît la quantité de choses utiles dont cette fortune se compose. De là, pour les créanciers si directement intéressés à la conservation de ce patrimoine, le droit de surveiller activement les actes de leur obligé personnel; de là aussi pour eux, la faculté d'exercer, au lieu et place de leur débiteur, les droits et actions qui lui compétent, quand il les compromet en ne les faisant pas valoir lui-même. (Art. 1166, C. civ.).

Mais s'il leur appartient d'agir au nom du débiteur et de le représenter, ils ne sauraient évidemment prétendre à de plus larges prérogatives que les siennes, puisqu'ils ne sont que ses ayants-cause. Leur droit ne va pas au delà du droit qu'a leur auteur. En conséquence, si celui-ci est dépourvu de tout moyen pour ressaisir un de ses meubles, passé entre les mains d'un tiers de bonne foi qui le possède à juste titre, eux ne devront pas, non plus, pouvoir user d'un droit de suite à l'occasion de cet objet.

Il est, toutefois, des mesures que la loi les autorise à prendre, pour parer aux dangers d'une diminution souvent considérable de leur gage. En dehors du pouvoir que l'art. 1167 du Code civil leur confère, et en vertu duquel ils font tomber les actes frauduleux émanés de leur débiteur, ils peuvent se faire consentir, soit des sûretés *personnelles* (cautionnement, solidarité), soit des sûretés *réelles* (nantissement, antichrèse, hypothèque), qui augmentent leurs chances d'être payés. Bien mieux, le législateur vient parfois, de lui-même, accroître encore toutes ces garanties, en attachant à leur créance un degré plus particulier de faveur, un privilége.

Le privilége et l'hypothèque se ressemblent, en ce qu'ils tendent l'un et l'autre à modifier le principe général, d'après lequel, les biens du débiteur forment le gage commun de ses créanciers. La loi, dans

l'art. 2094, les qualifie de *causes légitimes de préférence*. C'est qu'en effet ils procurent au créancier qui
en est investi un double avantage : celui d'être préféré à tous autres, sur le prix de vente des biens gre-
vés (droit de préférence), et celui de pouvoir suivre
ces biens, en quelques mains qu'ils passent, quand ce
sont des immeubles (droit de suite). Qu'on remarque
notre précision : *quand ce sont des immeubles*. Si
ces biens étaient des meubles, une règle toute différente s'appliquerait. Le *droit de suite* ne serait admis
vis-à-vis d'eux, ni comme résultat d'une hypothèque,
ni comme conséquence d'un privilége, et le tiers-ac-
quéreur de bonne foi triompherait toujours en invo-
quant la maxime : *En fait de meubles, possession vaut
titre*. Quant au *droit de préférence*, il ne se produirait
que dans le cas de privilége, l'hypothèque et ses importants effets étant absolument exclus des matières
mobilières, comme nous allons le démontrer.

Lorsqu'on ouvre le Code civil, à l'art. 2119, on
lit : *Les meubles n'ont pas de suite par hypothèque*.

Quel sens convient-il de donner à cette formule ?
Un mot d'historique nous l'apprendra.

A Rome, l'hypothèque pouvait porter sur les meubles comme sur les immeubles : toute chose susceptible d'être vendue pouvait, par cela seul, être affec-
tée hypothécairement dans l'intérêt des créanciers (1),
et le droit de suite naissait afin de mieux assurer la

---

(1) Quod emptionem venditionemque recipit, etiam pignoratio-
nem recipere potest. Dig., F. 9, § 1, *de Pignor. et Hypothec*.

réalisation du droit de préférence. Dans bon nombre de nos anciennes Coutumes, spécialement dans la Normandie, le Maine, l'Anjou, on accepta l'hypothèque des meubles; seulement, on considéra que, permettre de suivre ces objets après leur sortie du patrimoine du débiteur, c'était, à cause de la promptitude avec laquelle ils circulent de main en main, entraver les opérations commerciales, atteindre directement le crédit public. Conformément à cette idée, on adopta, dans ces pays, la maxime : *Meubles n'ont pas de suite par hypothèque.* Mais, dans plusieurs autres Coutumes (celles de Paris, d'Orléans, par exemple), on refusa aux créanciers même le *droit de préférence,* c'est-à-dire qu'on supprima complétement l'hypothèque, en fait de meubles. Malheureusement, au lieu de présenter leur pensée d'une façon explicite, en ces termes : *Il n'y a point d'hypothèque pour les meubles,* les coutumiers de ces contrées conservèrent la formule partout usitée : *Meubles n'ont pas de suite par hypothèque.* Pour eux, et dans cette partie de la France, elle signifiait que les meubles n'étaient point susceptibles d'être hypothéqués, pas plus quant au droit de suite, que quant au droit de préférence.

Les rédacteurs du Code civil, en reproduisant la maxime, se sont également servis d'une locution qui ne rend pas fidèlement ce qu'ils désiraient exprimer. Cela résulte de la combinaison des art. 2114 et 2118. L'un affirme que l'hypothèque est un droit réel sur les *immeubles;* l'autre, que ce droit ne peut être constitué que sur des biens *immobiliers*. Il ne faut donc pas, en s'attachant uniquement au sens extérieur des mots, attribuer à la phrase de l'art. 2119 une portée qu'elle n'a pas, et conclure qu'il est parfaitement possible d'hypothéquer les meubles, dans la limite du droit de préférence. Ce serait commettre une erreur inexcusable. L'art. 2119 n'existe point seul; il est lié à plusieurs autres dispositions de la loi, qui le complètent et en fournissent l'interprétation, et qu'il convient de ne pas négliger lorsqu'on veut se faire une opinion sur le point qui nous occupe, conformément à la maxime romaine : *Incivile est, nisi totâ lege inspectâ, judicare* (v. art. 1161, C. civ.).

Les motifs de l'art. 2119, nous les trouvons déjà signalés dans l'ancien Droit. Loyseau (*des Offices*, liv. III, ch. v, nᵒˢ 23 et suiv.) les expose tout au long. « La raison, dit-il, n'est pas celle qu'on allègue vulgairement, que *mobilium vilis est possessio*, pour ce que le plus ou le moins ne sont point de différence au droit; mais il y en a trois autres pertinentes. L'une, que les meubles n'ont pas une subsistance permanente et stable, comme les immeubles, et partant, ne sont si propres à recevoir en soi, par la simple convention et sans qu'ils soient actuellement occupez, le caractère d'hypothèque et à conserver ses effets..... L'autre, que les meubles peuvent facilement et sans incommodité être mis ès-mains du créancier, les lui baillant en gage.... de sorte que, quand il n'y a que la simple convention, sans nantissement, on peut imputer au créancier de n'avoir pas pris son assurance comme il pouvait : ce qui n'est pas aux immeubles, dont il est malaisé et incommode de transférer la détention au créancier. La troisième est que, si les meubles avaient suite par hypothèque, en vertu de la simple convention, le commerce serait grandement incommodé, même aboli presque tout à fait, pour ce qu'on ne pourrait pas disposer d'une épingle, d'un grain de bled, sans que l'acheteur en pust être évincé par tous les créanciers du vendeur. »

Donc, s'il est défendu, de nos jours encore, d'hypothéquer les meubles, c'est que, outre qu'il est toujours possible de les donner en gage, le droit de suite, par rapport à eux, eut créé d'énormes difficultés au commerce et mis obstacle à son développement. Le droit de préférence, de son côté, eût suscité de nombreux embarras et fût même devenu très redoutable, par suite de l'impossibilité où se seraient trouvés les tiers d'être informés de son existence.

Malgré cela, quelques auteurs ont songé à donner à l'art. 2119 une signification qui ne le fît pas considérer comme inutile ou mal conçu, et ils ont raisonné de la manière suivante :

« L'hypothèque d'un créancier s'étend à la fois sur l'immeuble et sur ses *accessoires*. Ces derniers objets, meubles par leur nature, immeubles seulement *par destination*, recouvrent leur véritable caractère dès qu'ils sont séparés du bien au service duquel ils étaient affectés, et le *droit de suite* se trouve, par là même, perdu à leur égard. Mais cela n'empêche pas le *droit de préférence* d'avoir subsisté tout le temps que ces

choses mobilières ont accédé au sol, de telle façon
qu'on peut dire, que ce sont elles qu'a visées le législateur dans l'art. 2119, lorsqu'il a écrit : *Meubles n'ont pas de suite par hypothèque.* C'est comme
s'il eût dit : Il est permis d'hypothéquer, *dans la
limite seulement du droit de préférence*, les meubles
qui peuvent revêtir accidentellement la qualité d'immeubles, ou encore, par voie d'analogie, les portions
d'immeubles (fruits, arbres actuellement unis au
fonds, etc.) qui sont de nature à acquérir la qualité
de meubles par le pur fait de la séparation.

Ainsi raisonnent les partisans du système qui
cherche à justifier, envers et contre tout, les termes
de l'art. 2119 du Code civil. Leur interprétation
du texte n'est pourtant pas satisfaisante. Assurément les législateurs, en rédigeant la disposition qui
nous occupe, n'eurent pas une pensée aussi minu-
tieuse que celle qu'on entend leur prêter. S'ils conservèrent la formule de l'ancien droit, c'est qu'à leurs
yeux elle ne devait avoir qu'une seule signification,
la même qu'elle avait reçue des Coutumes de Paris et
d'Orléans, à savoir, que les meubles ne peuvent être
l'objet, par hypothèque, d'aucune affectation réelle,
capable d'engendrer soit un droit de suite, soit même
un droit de préférence. Avec l'opinion des adversaires, il faudrait aller jusqu'à dire, qu'après que les
immeubles par destination ont repris leur caractère
de meubles (parce que, par exemple, on a cessé de
les employer à l'exploitation du fonds auquel ils
étaient attachés), et pourvu qu'ils restent encore en

13

la possession du débiteur, le créancier conserve sur eux un droit de préférence. Or, de l'aveu de tout le monde, sitôt que les fruits sont perçus, sitôt que les instruments qui servaient à la culture ont reçu une destination nouvelle, non-seulement le droit de suite disparaît, mais l'hypothèque en son entier s'éteint ; et cela, parce que seuls les biens immobiliers sont susceptibles d'hypothèque.

Ainsi, les meubles unis à un immeuble et destinés à en suivre le sort sont assujétis comme lui à l'hypothèque, mais ils échappent à ce droit réel, dès qu'ils sont séparés du fonds, tant au point de vue du droit de préférence, qu'au point de vue du droit de suite. Toutefois, le créancier, qui voit d'autant diminuer son gage, peut prendre des mesures pour prévenir ce fâcheux résultat. En dehors de l'art. 1188 du Code civil, qui prononce la déchéance du terme contre tout débiteur assez audacieux pour diminuer par son fait les sûretés fournies, il jouit de certains autres bénéfices, qui l'empêchent d'être dépouillé des avantages résultant de l'affectation qu'il a reçue. Si les objets mobiliers, vendus et séparés de l'immeuble, sont prêts à être emportés au loin, le créancier peut en faire ordonner le maintien sur le sol même auquel ils adhéraient. (Art. 1141, C. civ.) Si, de fait, ils ont déjà été enlevés, une distinction devient nécessaire : ont-ils été apportés sur un bien appartenant au débiteur, ou appartenant à un tiers ?

Au premier cas, la réintégration sera légitimement exigée (art. 1143, 1144) ; au second, il faudra voir si le tiers acquéreur a été de bonne ou de mauvaise foi. Le possesseur de bonne foi s'abritera sous la protection de la règle : *En fait de meubles, possession vaut titre.* (Art. 2279, C. civ.) Le possesseur de mauvaise foi, au contraire, sera tenu à la restitution (art. 1167, 2279, C. civ.), et si le rétablissement est impossible, parce qu'il se sera déjà produit une seconde aliénation, il restera toujours au créancier le secours de l'art. 1382, à l'aide duquel il obtiendra réparation du dommage souffert.

Supposons maintenant qu'un individu hypothèque son domaine, puis, vende la maison qui y est comprise pour être démolie, ou la forêt qui en fait partie pour être abattue. Après la démolition de l'édifice ou l'abattage des arbres, le droit hypothécaire, que possédait sur ces objets le créancier du vendeur, se sera évanoui ; on n'autorisera pas ce créancier à suivre les matériaux ou le bois entre les mains des acquéreurs. Cela revient à dire que, même des biens immeubles *par leur nature*, une fois mobilisés, peuvent recevoir l'application des règles que nous avons précédemment tracées.

Jusqu'ici, nous avons paru oublier le privilége que nous avions pourtant cité, dès le début, en même temps que l'hypothèque. Est-ce qu'il jouirait de plus grandes faveurs que celle-ci, et que la loi tolèrerait qu'il s'établit même sur des effets mobiliers? Certainement. L'art. 2099 ne laisse, là-dessus, aucun doute : « *Les priviléges*, dit-il, *peuvent être sur les* MEUBLES *ou sur les immeubles.* »

Les rédacteurs du Code ont probablement pensé que s'il n'était pas convenable, en matière mobilière, d'admettre un droit de préférence *par hypothèque*, à cause de cette considération, que les tiers, auxquels il serait opposable ne pourraient guère être avertis de la création de ce droit, il n'y avait pas de motif pour se refuser à reconnaître qu'un pareil droit pût résulter des *priviléges*. Les priviléges, en effet, sont des causes favorables attachées à certaines créances, dont l'existence seule suffit à révéler au public la prédilection spéciale que leur a témoigné le législateur. Dans, tous les cas, et quelles que soient les raisons qui aient guidé les auteurs de la loi, les textes sont formels : entre plusieurs créanciers du propriétaire d'un meuble, celui-là obtiendra le premier satisfaction, dont la créance, aux yeux de la loi, sera plus digne d'intérêt. Mais tout s'arrête là, et l'on ne devrait pas, allant plus loin, prétendre que le droit de suite (ce droit à l'aide duquel le créancier peut atteindre son gage partout où il le trouve, en contraignant celui qui le possède à délaisser ou à rembourser sa valeur) appartient à tout individu dont la créance jouit d'un privilége sur un meuble. Le droit de préférence se comprend aisément distinct du droit de suite, et nous n'en voulons comme preuve que ce qui se produit toutes les fois qu'un mineur, un interdit, une femme mariée ont négligé de prendre l'inscription à laquelle est subordonné l'exercice de leur droit de suite. Les délais établis pour l'observation de cette formalité expirés, il leur devient impossible d'agir contre les tiers détenteurs, bien qu'ils puissent encore se prévaloir du droit de préférence dans un partage entre les créanciers. On pourrait donc appliquer textuellement aux priviléges la maxime de l'art. 2119, si mal rédigée pour les hypothèques, et dire : *Meubles n'ont pas de suite par* PRIVILÉGE. Ce serait déclarer, par *a contrario*, que le privilége est assez puissant, cependant, pour engendrer un droit de préférence sur les meubles.

Mais le principe n'est pas tellement rigoureux, qu'il ne doive fléchir en quelques circonstances, et nous allons voir justement plusieurs cas, dans lesquels on donnera le droit de suite au créancier uniquement privilégié sur un meuble.

SECTION II

Exceptions à la règle : « Meubles n'ont pas de suite par *privilége*. »

Nous ne croyons pas qu'il soit besoin d'insister sur cette idée, que les créanciers d'un propriétaire d'effets mobiliers, dépossédé par une perte ou par un vol, auraient la faculté, en vertu de l'art. 1166, C. civ., d'exercer la revendication à la place de leur débiteur, si celui-ci négligeait de s'en servir. Notre intention est de nous occuper exclusivement du droit de suite qui naît dans la personne même du créancier.

Et d'abord, nous voyons celui auquel une chose a été remise en gage, avoir le privilége de la suivre contre n'importe qui la possèdera, même de bonne foi, lorsqu'il l'aura perdue ou qu'on la lui aura volée. Son action durera trois ans, conformément au droit commun (art. 2279). Par analogie, le législateur traite d'une façon identique tous ceux au profit desquels existe une présomption légale de nantissement tacite, et, par exemple, l'aubergiste qui reçoit dans les dépendances de son auberge les effets des voyageurs. Il a le droit de revendiquer ces objets pendant trois ans, s'ils viennent à lui être enlevés clandestinement et à son insu; car, ce détournement constitue une sorte de vol de gage (*furtum pignoris*), qui l'autorise à se faire remettre en possession, à l'encontre même des tiers d'une évidente bonne foi.

Ces cas de revendication ne sont pas expressément indiqués par la loi, mais se déduisent sans difficulté, par raisonnement à *pari*, de l'art. 2102, n° 1. Il importe donc de concentrer un moment toute notre attention sur cette disposition légale, qui renferme une des plus remarquables dérogations à la règle : *Meubles n'ont pas de suite au regard des créanciers.*

§ 1. — *Revendication des effets mobiliers enlevés par fraude des lieux loués ou affermés.* (Art. 2102, n° 1).

Quiconque, usant de sa qualité de propriétaire, usufruitier ou locataire principal, a donné à bail un bien rural ou une maison, voit naître à son profit un privilége, qui s'adjoint aux créances provenant de

cette location.'(Art. 2102, n° 1). Ce privilége porte sur
tout ce qui garnit les lieux loués, lorsqu'il s'agit
d'une maison, sur ce qui sert à l'exploitation rurale,
sur les fruits et récoltes de l'année, sur les meubles
que renferment les locaux, quand il s'agit d'un bail à
ferme. Il a pour objet de garantir l'exécution complète
du bail, et se réfère, par conséquent, non seulement
à la prestation des loyers et fermages, mais encore
aux réparations locatives, à l'indemnité due pour
dommage causé par abus de jouissance, et, généralement, à toutes les obligations qui résultent du bail
pour le preneur, ou qui ont été ajoutées comme condition du contrat.

Dans le Droit romain, où il était permis d'hypothéquer les meubles, le locateur jouissait, pour l'exécution de toutes les obligations résultant du bail, d'une
hypothèque tacite qui s'étendait sur tous les objets
mobiliers garnissant les locaux, quand il s'agissait
de maisons louées, et uniquement sur les fruits et
récoltes du fonds, quand c'étaient des biens ruraux
qui avaient été affermés (1).

Les Coutumes de Paris et d'Orléans, sous l'empire
de nos anciennes institutions, firent un pas de plus.
Elles placèrent dans le gage du locateur de biens
situés à la campagne, non-seulement les fruits du sol,
à l'exemple des Romains, mais encore les meubles
apportés dans la ferme. Toutefois, au lieu de concéder
au bailleur une hypothèque, elles lui donnèrent un

(1) Dig., F. 4 et 7, *in quib. caus. pign.*

privilége ; et comme, dans notre ancien Droit, les
meubles n'avaient pas de suite par privilége, ce
changement dut avoir pour conséquence d'enlever au
bailleur le droit de suite, et de le laisser exposé à voir
compromettre son gage, toutes les fois qu'il plairait
au débiteur d'en abandonner la possession entre les
mains d'un étranger. Heureusement que la plupart
des Coutumes, et notamment la Coutume de Paris,
art. 171 (voir plus haut, page 110), établirent, au
profit du locateur, une exception à la règle : *Meubles
n'ont pas de suite par privilége* (1), et cette exception,
comme un souvenir du passé, à été conservée dans
notre Code civil par les législateurs modernes.

Chez nous, au temps où nous vivons, les priviléges
n'ont d'effet qu'autant qu'on les exerce, c'est-à-dire,
qu'on frappe de saisie la chose qui y est soumise et
que, la vente faite, on se présente pour obtenir
paiement avant tous autres créanciers. Mais, pour
agir ainsi, il est indispensable que le meuble, affecté
à l'acquittement de la dette, réside encore dans le
patrimoine du débiteur. S'il a été aliéné, le droit du
créancier sur cet objet s'éteint, car, on le sait, les
meubles n'ont pas de suite par privilége.

En matière de location ou de bail, on a pensé
qu'il en devait être autrement. Considérant l'enlèvement des choses mobilières qui garnissaient l'habitation ou servaient à l'exploitation de la ferme comme
une espèce de vol du droit de gage, étant admis,

(1) Pothier, *du Louage,* n° 227 et suiv.

d'ailleurs, que le propriétaire d'un meuble volé peut
le reprendre en quelque lieu qu'il le rencontre, la loi
s'est cru obligée d'accorder au bailleur, par exception
au principe qu'on ne suit pas les meubles, un droit
de revendication qui lui permit de ressaisir son gage,
lors même qu'il se trouvât au pouvoir d'un détenteur
de bonne foi. Le locateur a donc plus qu'un simple
droit de préférence; il jouit d'un véritable droit de
suite. Cependant il ne faudrait pas s'illusionner. Ce
n'est point une revendication proprement dite que le
législateur a placée en ses mains. Pour revendiquer,
dans le sens vrai du mot, il faut être propriétaire.
Or la propriété des meubles, apportés par le locataire
ou fermier, n'appartient pas au maître des locaux.
Aussi, ce dernier ne peut-il invoquer qu'une sorte de
nantissement, et c'est pour recouvrer la quasi-possession perdue, que le Code l'autorise à reprendre les
objets frauduleusement détournés. De cette manière
il conserve son privilége, et s'en assure l'exercice
pour l'avenir. L'expression revendication est donc
ici inexacte. Bourjon l'avait employée dans l'ancien
droit, le Code l'a reproduite.

Si l'acquéreur des meubles qui formaient le gage
du locateur se les était procurés dans un marché ou
dans une vente publique, celui-ci ne pourrait les réclamer qu'en tenant compte au tiers de bonne foi de
la dépense par lui faite pour obtenir ces effets mobiliers, comme l'exige l'art. 2280 du Code civil. Il
est clair que le simple créancier ne saurait être traité
plus favorablement que le propriétaire; or, dans les

espèces analogues à l'espèce prévue, ce dernier ne peut évincer l'acheteur qu'en lui remboursant le prix de son acquisition.

Le délai, pendant lequel le droit de revendication dont nous parlons pourra être exercé, est fixé à quarante jours, si les meubles ont été enlevés d'une ferme, à quinze jours, si c'est hors d'une maison qu'on les a emportés. La différence de durée, dans l'une et l'autre hypothèse, tient à ce que les propriétaires d'un bien rural, donné à bail, n'habitant pas généralement la campagne, sont moins bien en situation d'être avertis d'un détournement, que les propriétaires de maisons louées, dont le domicile est d'ordinaire situé dans la ville où ces maisons se trouvent.

Si quelque concert frauduleux avait existé entre le locataire et le possesseur actuel, dans le but de cacher le déplacement des meubles au bailleur, le délai ne commencerait à courir que du jour où celui-ci aurait été informé de la soustraction. Au reste, pour que l'action soit recevable, il faut qu'il n'y ait dans le fait de l'enlèvement aucune participation de la part du bailleur. Ce fait doit s'être produit à son insu et contre son gré.

Il est inutile d'observer que, si parmi les choses garnissant la maison ou la ferme se trouvaient des marchandises ou tous autres objets destinés à être vendus, le droit de suite n'existerait pas par rapport à eux, parce que, à cause de leur nature même, le locateur n'a jamais sérieusement pensé pouvoir étendre sur eux son droit de gage. D'autre part, ce n'est qu'autant que la valeur du mobilier restant dans les locaux loués paraît insuffisante pour garantir l'exécution du bail, qu'on lui accorde le droit de revendication. On entend bien sauvegarder ses intérêts, mais non point exagérer les mesures de protection à son égard (1).

Une fois la possession perdue, si le bailleur, pour la récupérer, néglige d'agir dans le délai utile, son privilége s'éteindra. Mais il ne disparaîtrait pas après une simple vente d'effets mobiliers, non suivie de tradition. Egalement, il subsisterait encore, quand même d'autres créanciers feraient saisir et vendre les meubles retenus en nantissement par le locateur. Celui-ci se prévaudrait de son droit de préférence, au moment de la distribution du prix ; mais, dès lors, n'ayant plus lieu de se plaindre, il se verrait refuser absolument l'exercice du droit de suite.

Voilà ce que nous avions à dire sur cette exception, pleine d'intérêt, à la règle qu'on ne suit pas les meubles par privilége.

Il en existe une autre non moins importante, et surtout non moins connue par la discussion qu'elle a soulevée parmi les auteurs : nous voulons parler du fameux cas de revendication, dans la huitaine, d'effets mobiliers vendus et non payés. C'est ici le lieu de l'examiner avec soin.

(1) Arg., art. 1752, C. civ. — Req. rej., 8 décembre 1806 (Sirey, 7, 1, 52) ; Rouen, 30 juin 1846 (Sir., 47, 2, 540).

§ 2. — *Revendication d'effets mobiliers vendus et non livrés.* *(Art. 2102, n° 4, C. civ.)*

Avant d'entamer le sujet et d'aborder la discussion, il convient de donner quelques notions préliminaires, de nature à préparer l'esprit aux explications qui vont suivre.

Le législateur n'a pas craint de témoigner à la vente, le plus usuel, le plus indispensable des contrats, un intérêt tout spécial; et cela s'est traduit dans la pratique par des dispositions de faveur. Le vendeur, dessaisi de la propriété de sa chose par le seul effet du consentement (art. 1583, C. civ.), s'est vu l'objet d'une foule de garanties organisées dans le but de le protéger contre l'insolvabilité ou le mauvais vouloir de l'acheteur, devenu simultanément propriétaire et débiteur du prix. Dans le cas particulier de vente d'effets mobiliers, voici les divers secours que le législateur a mis à sa disposition :

1° *Le droit de rétention,* c'est-à-dire, le droit en vertu duquel le vendeur, qui n'a pas encore livré la chose, la gardera jusqu'au paiement du prix, si la vente a été faite au comptant, ou si, étant à terme, l'acheteur est tout à coup tombé en état de faillite ou en déconfiture. (Art. 1612, 1613, C. civ.)

2° *La résolution du contrat, de plein droit et sans sommation préalable, après l'expiration du délai fixé à l'acheteur pour le retirement de la chose vendue* (art. 1657, C. civ.) On a pensé que le cours des denrées et effets mobiliers ne restait pas toujours égal à lui-même, qu'il subissait de grandes variations de valeur et qu'il importait, en conséquence, si l'acheteur tardait à s'acquitter de ses obligations, de permettre au vendeur de recouvrer tous pouvoirs sur la chose, afin qu'il pût en disposer au profit d'un nouvel acquéreur.

3° *Le droit de résolution normal*, c'est-à-dire, celui qui oblige le vendeur non payé à s'adresser aux tribunaux pour ressaisir la propriété, en faisant résoudre le contrat (art. 1184, 1654 et suiv., C. civ.)

Ce droit est opposable, non-seulement à l'acheteur, mais encore aux tiers acquéreurs, toutes les fois qu'ils ne se trouvent pas en mesure d'invoquer la maxime : *En fait de meubles, possession vaut titre.* C'est pour cela qu'on le qualifie de *réel.* Toutefois, il n'est possible d'atteindre les tiers, par l'action en revendication, qu'autant qu'on a d'abord agi en résolution contre l'acheteur direct; car, tant que la vente subsiste, c'est sur la tête de ce dernier que réside la propriété.

4° *Un privilége*, entre les divers créanciers de l'acheteur (art. 2102, n° 4.)

Aussitôt que la convention a été acceptée des parties, l'acheteur est devenu propriétaire, et pour lui a commencé l'obligation de payer le prix (art. 1583, C. civ.) Il doit donc, de suite, acquitter sa dette. S'il refuse ou néglige de le faire, l'objet mobilier grevé du privilége pourra immédiatement être saisi et mis en vente, et, sur le prix obtenu, le vendeur sera désintéressé par préférence aux autres créanciers. Remarquons, cependant, que ce privilége n'engendre pas un *droit de suite*, et qu'une de ses conditions indispensables d'exercice est, que les effets mobiliers soient encore en la possession du débiteur. Lorsque celui-ci les a revendus à un tiers de bonne foi, le vendeur primitif n'en peut plus opérer la saisie au détriment du second acheteur (art. 2279, C. civ.), et son droit de préférence se trouve reporté sur le prix de la deuxième vente, à l'encontre des créanciers du premier acquéreur, tant que ce dernier n'a point touché les deniers ou qu'il n'en a point disposé au bénéfice d'un étranger. Le prix se substitue à la chose vendue. Maintenant, si le premier vendeur perd son privilége sur les objets eux-mêmes, dès qu'ils ont cessé d'être en la possession de l'acheteur, c'est uniquement par application du principe : *Meubles n'ont pas de suite par privilége*, principe qui ne regarde que les tiers acquéreurs, et ne saurait profiter aux co-créanciers du vendeur primitif.

Le privilége subsisterait, quoique l'acheteur eut donné *en gage* à l'un de ses créanciers la chose par lui acquise. Le gagiste n'est, en effet, qu'un détenteur précaire ; il ne gagne pas la possession, laquelle reste toujours sur la tête de l'acheteur. Celui-ci, seul, a *l'animus sibi habendi*, la chose compte dans son patrimoine ; on peut donc l'y saisir, dans le but d'exercer le droit de préférence. Il est bien entendu que, si le créancier gagiste, aux mains de qui le meuble aurait été remis (et, par exemple, le locateur dans la maison ou la ferme duquel l'acheteur aurait apporté des objets non encore payés), ignorait, en recevant ces choses, que le prix en fut dû, il primerait sans difficulté le vendeur, à cause de sa bonne foi. (Art. 2102 n° 4, 3ᵉ *alinéa*.) Mais, si l'acheteur avait revendu les effets, sans néanmoins les *avoir livrés*, le privilége du premier vendeur serait-il éteint? Certainement; on n'a qu'à appliquer ici les données relatives à la transmission des meubles corporels. Leur propriété passe de l'un à l'autre par le seul effet de la convention, en sorte qu'il n'est point permis de dire de celui qui a vendu, bien qu'il retienne encore l'objet, qu'il le possède pour lui-même. On pourrait, d'une certaine manière, l'assimiler aux détenteurs précaires: il exerce uniquement le *corpus* sur une chose, au sujet de laquelle *l'animus domini* réside en la personne d'un étranger, apte à invoquer la maxime: *En fait de meubles, possession vaut titre.* La revente fait instantanément cesser le privilége du vendeur, et celui-ci n'a pas un droit plus étendu que celui qu'il aurait, si le meuble, vendu et livré à un acquéreur de bonne foi, avait été replacé ensuite à titre de dépôt, de commodat ou de louage, entre les mains du premier acheteur. Ainsi, la possession qu'a ce dernier n'est point celle dont entend parler l'art. 2102, n° 4, lorsqu'il s'exprime en ces termes, à l'occasion des meubles: *S'ils sont encore en la possession de l'acheteur.*

Que décider dans l'hypothèse où l'acheteur aurait immobilisé, après la vente, la chose à lui livrée sans qu'il en eût payé le prix? Le fait de l'immobilisation entraînerait-il extinction du privilége du vendeur? Il faut distinguer :

Les effets mobiliers sont-ils devenus *immeubles par nature* (des matériaux, par exemple, ont-ils servi à la construction d'un édifice), ils participent de la nature de l'immeuble auquel ils ont été incorporés, et perdent le caractère de choses mobilières, qui leur appartenait auparavant. Dès lors, le privilége doit s'éteindre.

N'ont-ils, au contraire, acquis que la qualité d'immeubles *par destination*, une sous-distinction est nécessaire, suivant que le vendeur invoque son privilége à l'encontre de créanciers hypothécaires ou de créanciers simplement chirographaires. Au premier cas, le privilége du vendeur cédera le pas à l'hypothèque des autres créanciers, dont le droit particulier s'étend, en vertu de sa nature même, sur toutes les améliorations et les accroissements survenus au fonds. Au second cas, le privilége obtiendra la pré-pondérance, parce que le vendeur, en face de créanciers sans autres sûretés que leur titre, peut exiger que les objets vendus soient séparés de l'immeuble dans le but d'exercer sur eux son droit de préférence.

Le privilége du vendeur ne serait point atteint par les changements de forme, les modifications apportées à la nature des objets vendus, pourvu que ces objets eussent conservé un caractère qui les rendit reconnaissables. En outre, de cela que meubles par leur condition naturelle d'existence, ces choses auraient accidentellement revêtu la qualité d'immeubles par destination, ne résulterait pas, non plus, la perte du privilége du vendeur, du moins vis-à-vis des autres créanciers chirographaires de l'acheteur. La raison est que la loi ne place pas, au nombre des éléments qui concourent à l'exercice du privilége, la nécessité de garder les choses vendues dans l'état où elles étaient au moment du contrat. Elle en fait, au contraire, une condition *sine quâ non* de la concession d'un droit de revendication fort important, dont la loi a encore doté le vendeur, et sur lequel s'explique le même art. 2102, n° 4, dans son second alinéa.

C'est à cette dernière et puissante prérogative du vendeur d'effets mobiliers, que nous devons surtout nous arrêter, car c'est elle qui constitue la seconde dérogation à la maxime : *Meubles n'ont pas de suite par privilége.*

5° *Une saisie-revendication*, qui replace le vendeur en possession de la chose vendue et livrée.

C'est là une faculté accordée, ainsi que nous venons de le laisser entendre, au vendeur d'effets mobiliers, pour lui permettre, en dehors de son privilége, de revendiquer les choses par lui livrées et dont on ne lui a pas encore payé le prix. Néanmoins, il n'en peut pas user dans tous les cas, et ce n'est qu'autant que quatre conditions concourent, que la pratique de cette voie judiciaire est autorisée par la loi. Il faut :

1° Que la vente ait été faite *sans terme.* Le *privilége*, au contraire, est acquis au vendeur, quand même celui-ci ait consenti un terme;

14

2° Que les objets vendus se trouvent encore en la possession de l'acheteur;

3° Qu'ils soient dans le même état qu'au jour de la délivrance;

4° Que le vendeur agisse *dans la huitaine*, à compter du jour de la tradition.

Ces exigences de la loi remplies, le vendeur reprendra les objets mobiliers qui lui appartenaient antérieurement au contrat.

Mais à quel titre les recouvrera-t-il? Sera-ce à titre de propriétaire, ou seulement en qualité de créancier? Pour résoudre cette grosse question, il n'est pas sans utilité de remonter quelque peu en arrière, et de rappeler certaines notions qui ont déjà pu être données plus haut.

Chez les Romains, le domaine des droits réels était complétement distinct du domaine des droits de créance. Les uns et les autres dérivaient de sources différentes, et la vente, comme tous les contrats, ne produisait que des obligations. Le vendeur était tenu de livrer la chose, l'acheteur de payer le prix. Mais la propriété n'était point passée du premier au second par le seul effet de la convention; elle ne se fixait sur la tête de l'acheteur qu'après livraison faite et prix payé, ou tout au moins, quand le vendeur avait consenti à suivre la foi de son co-contractant, après que la tradition se trouvait en entier accomplie (1).

Plaçons-nous dans cette dernière hypothèse; sup-

(1) § 41, de *divis. rer.*, *tit.* I, liv. II, *Instit. de Justin.*

posons que les effets vendus fussent des effets mobiliers, et admettons que l'acheteur n'accomplit pas
ses engagements, qu'il s'obstinât à retenir le prix
après avoir reçu livraison de la chose. Quels moyens
de coercition étaient mis au pouvoir de son co-contractant? Le droit de résolution? Il ne fut connu à Rome
qu'assez tard, et encore, fallait-il qu'on eût inséré au
contrat une clause expresse, connue sous le nom de
pacte commissoire. Un privilége? Les lois romaines
n'en reconnaissaient point pour le vendeur, qui restait
confondu dans la masse des créanciers chirographaires (1). Sa seule ressource consistait dans *l'actio
venditi*, dont l'efficacité n'était évidemment pas suffisante. Heureusement, avons-nous dit, la convention
ne l'avait pas dessaisi de la propriété. Resté maître
des effets mobiliers, il tenait à sa disposition un
secours des plus énergiques, la revendication. Par
elle, il devait nécessairement arriver à reprendre son
bien, sans que la vente se trouvât pour cela anéantie;
elle subsistait avec toutes ses conséquences, c'est-à-
dire en laissant à la charge des parties leurs obligations respectives. Aussi, dès que l'acquéreur, longtemps obstiné à ne pas faire le paiement, consentait
enfin à l'effectuer, le vendeur ne pouvait point se
refuser à délivrer la chose, à exécuter à son tour le
contrat.

Cette théorie se maintint-elle dans notre ancien
Droit, ou la délaissa-t-on pour obéir à de nouvelles

(1) F. 5, § 18, Dig. de *Tribut. act.*

règles? Nous sommes pour le dernier parti. Si l'on a cru trouver dans quelques coutumiers l'affirmation de l'opinion contraire, c'est qu'on les a mal interprétés. La plupart de ces recueils, en effet, citent bien les principes romains, mais ce n'est point dans le but de les présenter comme suivis dans notre ancienne France; ils se proposent uniquement, nous l'avons antérieurement observé (1), d'éclairer notre législation nationale, en plaçant à côté les données juridiques des Romains. D'ailleurs, on explique très bien, au point de vue rationnel, que la règle romaine du § 41, *de divis. rerum*, aux Institutes, ne figure pas dans notre vieux Droit français. Nos pays de coutumes admettaient la résolution de la vente pour défaut de paiement du prix, et dès lors, qu'était-il besoin de retarder le transfert de la propriété jusqu'au moment où le vendeur serait désintéressé, puisqu'il était toujours au pouvoir de ce dernier de reprendre sa chose, en faisant résoudre le contrat? Quand donc, négligeant d'user de ce dernier moyen, le vendeur désirait cependant réclamer l'objet transmis à l'acquéreur, il n'agissait pas comme propriétaire, qualité qu'il avait perdue depuis la vente, mais comme un individu désireux d'être replacé dans la situation qu'il occupait avant l'exécution de ses promesses. L'action par lui employée, et qu'improprement on appellerait une *revendication*, n'avait d'autre but que de le replacer en possession de la chose vendue, afin de lui mieux assurer le paiement du prix.

(1) V. plus haut, p. 115.

Que si nous consultons, à présent, le Code civil, nous le voyons, à son tour, se servir du terme *revendication* dans l'art. 2102, § 4, et susciter par là, dans la doctrine, des divergences d'interprétation. La revendication dont parle la loi est-elle une véritable *petitio* fondée sur le droit de propriété? Ne constitue-t-elle, comme dans l'ancien Droit, qu'un moyen mis en usage pour recouvrer une possession volontairement abandonnée, mais sous réserve de paiement du prix? C'est ce que nous allons examiner.

Un premier système soutient, que l'action dont s'occupe le Code n'est autre que *l'action en résolution, exercée à l'encontre des créanciers de l'acheteur.* Le vendeur reprendrait la chose vendue, en qualité de propriétaire, le *dominium* étant repassé sur sa tête, à l'aide d'une résolution rapide et tacite du contrat devant le juge. Pour bien comprendre cela, il faut avoir présent à l'esprit le fonctionnement du transfert de la propriété dans notre Droit actuel. L'art. 1583 du Code civil, nous déclare qu'entre les parties, la vente est parfaite et la propriété acquise de droit à l'acheteur, sitôt qu'on est convenu de la chose et du prix, quoique la chose n'ait pas encore été livrée, ni le prix payé. En admettant, dès lors, que la tradition de l'objet vendu ait été faite, le vendeur, s'il n'est pas payé, ne pourra pas évidemment ressaisir la chose à titre de propriétaire, puisque ce titre, il l'a perdu par le seul effet du consentement. Une fois que l'accord des volontés a eu lieu, il lui devient impossible de prétendre, désormais, à la propriété dont il s'est défait en faveur de l'acheteur, à moins qu'il ne fasse mettre à néant le contrat. Or, voilà justement ce qui se produit, selon les partisans de la première opinion. D'après eux, la revendication de l'art. 2102, n° 4, serait bien une revendication proprement dite, seulement elle ne pourrait se concevoir sans une résolution préalable et implicite du contrat.

Nous ne saurions adopter une semblable solution. Le droit consacré pour le vendeur, dans la deuxième phrase de l'art. 2102, n° 4, n'implique aucune résolution de la convention acceptée. En effet, la faculté de résolution est concédée par la loi, d'une façon générale, dans l'art. 1654 du Code civil, pour toute vente *à terme* ou *sans terme*. Pourquoi donc l'article quenous expliquons restreindrait-il cette faculté aux ventes au comptant, pourquoi, surtout, en subordonnerait-il l'exercice à l'observation d'un délai très bref, *huit jours*, tandis que l'action en résolution ordinaire dure trente ans? En vain dira-t-on que le législateur a entendu établir deux espèces d'actions en résolution, l'une personnelle (celle de l'art. 1654, C. civ.), qui n'a d'effet qu'entre les parties contractantes; l'autre réelle (celle de l'art. 2102) qui opère à l'égard des créanciers de l'acheteur. C'est là une invention de pure fantaisie. L'art. 1654 se trouve placé au siége de la matière; il exprime nettement la volonté de la loi. Pour y déroger, il faudrait un texte bien formel, et ce texte manque totalement. Donc, on doit s'en tenir aux dispositions largement compréhensives de l'article que nous venons de citer.

Le législateur, dans l'art. 2102, n° 4, a voulu ajouter un accessoire au privilége qu'il avait déjà reconnu au vendeur; son intention a été, par conséquent, plutôt d'accroître les pouvoirs de ce dernier, que de les diminuer. Il n'a nullement songé, comme on le prétend, à sauvegarder les intérêts de la masse des créanciers de l'acheteur contre l'arrivée du vendeur. C'est celui-ci qu'il a entendu préférer à tous autres, et c'est pour cela qu'il a créé à son profit, à côté du privilége, un avantage fort utile, le droit de recouvrer la possession imprudemment abandonnée, en se montrant trop scrupuleux observateur de la convention. S'il en était autrement, on assisterait à un spectacle vraiment étrange : des créanciers beaucoup moins favorables que le vendeur, le co-échangiste, par exemple, l'auteur d'une donation avec charges, demeureraient régis par le droit commun (art. 1654), et jouiraient pendant de longues années du pouvoir de faire résoudre le contrat, alors que celui auquel la loi désirait prodiguer ses faveurs verrait restreindre ses moyens d'action, sous prétexte qu'il importe de protéger les tiers, invinciblement portés à croire, par la vue de la chose entre les mains de l'acheteur, qu'elle ferait partie de leur gage. En conservant intact le privilége du vendeur, la loi a suffisamment manifesté qu'elle n'entendait pas se montrer défavorable à ce dernier; affirmer qu'elle a voulu, ailleurs, limiter les prérogatives de ce même vendeur serait la faire contredire. Or, il n'est pas dans les habitudes du législateur de consacrer des contradictions.

Comment donc faut-il interpréter le texte ? Le voici :

Dans la première partie de notre siècle, un juriste éminent, M. Bugnet, émit cette ingénieuse pensée, qui parut un trait de lumière et que développa plus tard M. Valette, à savoir, que la propriété étant transférée, à notre époque, par le seul fait du consentement, celui qui a vendu n'a plus le droit de revendiquer en se proclamant propriétaire. Une seule chose lui est possible, rentrer dans la possession abandonnée pour exercer à nouveau le droit de rétention.

Sur ces données, a été fondé un système qu'on a mis en opposition directe avec celui que nous venons d'indiquer et de combattre ci-dessus. C'est le nouveau que nous adopterons. Il tend uniquement à rétablir les rapports des parties, tels qu'ils existaient avant la tradition, sans porter aucune atteinte au contrat, lequel reste debout avec son effet le plus considérable, la translation de la propriété sur la tête de l'acheteur. Le revendiquant ne se pose pas en propriétaire ; il ne veut que placer sous sa main l'objet vendu, à titre de gage, jusqu'au paiement du prix. Cela n'empêchera pas le privilége d'exister, l'action en résolution de demeurer à son service, mais ce sera un obstacle à ce que l'acheteur, dans un esprit de fraude, aliène et livre à autrui la chose qu'il n'a pas payée, mettant ainsi un tiers de bonne foi en état d'invoquer la maxime : *En fait de meubles, possession vaut titre.*

En somme, il ne s'agit pour le vendeur que de protéger l'existence de son privilége, de s'opposer à ce qu'il soit compromis par le fait même de l'acheteur. La preuve de cette assertion est dans l'art. 2102, C. civ. placé au titre *des priviléges et hypothèques*, et débutant par ces mots : *Les créanciers privilégiés*, etc. Qu'est-ce à dire, sinon que le vendeur agit, dans l'espèce, à titre de simple créancier et non comme propriétaire ? Sans aucune rupture de contrat, il reprendra la possession de la chose vendue, et, le cas échéant, en fera opérer la revente sur la tête de l'acheteur, pour exercer son droit de préférence sur le prix. Tout cela n'est que la conséquence des principes admis dans notre Droit, en matière de vente. L'acheteur étant devenu propriétaire par le seul effet de la convention (art. 1583, C. civ.), le vendeur n'a plus le droit de se conduire qu'en qualité de créancier. Il pourrait, il est vrai, mettant à profit l'art. 1654, demander la résolution du contrat, puis venir réclamer la chose, comme son véritable maître ; mais cette façon de procéder présente des dangers. Durant le cours de l'instance, il serait loisible au défendeur, nanti de la possession, de détériorer l'objet, de le détruire ou de l'aliéner. Aussi, le vendeur préférera-t-il user du moyen plus rapide que met à sa disposition l'art. 2102, et qui ne saurait être confondu avec la faculté de résolution dont il est traité au titre de la vente. Il revendiquera, non point le droit de propriété, mais le droit de rétention, jusqu'à parfait paiement. Tel est le sens dans lequel il faut interpréter ici le

mot *revendiquer*. Cette expression, inexacte au milieu du n° 4 de l'art. 2102, fut empruntée à d'anciens
jurisconsultes qui l'avaient improprement employée,
et s'explique fort bien par la comparaison de notre
alinéa avec le n° 1, alinéa 5, du même article. Là aussi
on parle de revendication, mais seulement pour désigner une réclamation de la possession, car un bailleur, qui suit des meubles furtivement enlevés des locaux qu'il avait loués, ne peut pas se prétendre propriétaire de ces objets. C'est la *détention* qu'il entend
ressaisir, et il en est de même du vendeur d'effets mobiliers ; d'autant que celui-ci a quelquefois un intérêt
particulier à ne pas anéantir le contrat, lorsque l'acheteur lui a promis un bon prix de sa chose, et qu'il ne
lui serait peut-être pas possible, à l'heure actuelle,
de la revendre avec tant de profit. Qu'on ne dise pas
que, n'étant pas propriétaire, le vendeur se trouverait, d'après notre opinion, obligé de garder la
chose tant que le prix n'en serait pas payé, quand
même elle vint à se détériorer entre ses mains. On
commettrait une inexactitude. Le vendeur conserve
toujours, s'il voit dépérir l'objet qu'il a vendu, le
pouvoir de le faire vendre au nom du débiteur pour
le compte de qui il appartiendra, et d'exercer son
privilége. D'ailleurs, nulle part la loi n'a organisé un
mode de résolution opérant de plein droit, comme
celui que l'on allègue, si ce n'est dans l'art. 1657. Or,
tout le monde convient que cette disposition est absolument exceptionnelle.

Des éclaircissements que nous venons de fournir,
il résulte :

1° Que l'action en réclamation de la possession, dont s'occupe l'art. 2102 n° 4, n'aura pas besoin d'être portée devant les juges, suivant les formes et les procédures ordinaires. C'est en vertu d'une *ordonnance du Président du tribunal*, rendue sur requête, que le demandeur obtiendra la restitution de la chose vendue. (Art. 826, C. procéd. civ.) Si déjà elle avait été comprise dans une saisie pratiquée par d'autres créanciers de l'acheteur, il serait encore possible de la recouvrer à l'aide d'une demande en distraction. (Art. 608, C. procéd. civ.);

2° Que le vendeur n'aura pas à craindre la concession, par la justice, d'un *délai de grâce* au débiteur, ce qu'il pourrait avoir à redouter, s'il intentait l'action résolutoire ordinaire ;

3° Que c'est seulement dans les ventes *au comptant* que cette espèce de revendication sera recevable, car elle a pour objet le droit de rétention, exclu des ventes à terme ;

4° Qu'il faudra agir *dans la huitaine*, à partir de la livraison des effets, sous peine d'être considéré comme ayant suivi la foi de l'acheteur, et privé de la garantie dont nous parlons ;

5° Que la chose devra se trouve encore *en la possession* de l'acheteur, parce que, si elle en était sortie, les acquéreurs de bonne foi invoqueraient à bon droit la maxime : *En fait de meubles*, etc. (Art. 2279, C. civ.);

6° Qu'elle devra être restée dans l'*état où elle se trouvait* au jour de la délivrance, c'est-à-dire, sans modifications telles, que sa nature primitive ait été altérée au point qu'on ne puisse la reconnaître ;

7° Que le revendiquant devra s'arrêter dans ses poursuites, quel que soit l'état de la cause, s'il reçoit de l'acquéreur ou de ses créanciers le prix de la chose vendue.

L'art. 2102, n° 4, finit ainsi : « Il n'est rien innové aux lois et usages du commerce sur la revendication. » Est-ce donc qu'il existerait certaines règles spéciales aux commerçants, relativement au sujet qui nous occupe ? Nous allons nous en rendre compte.

Des quatre droits ou moyens de coercition, admis par la législation civile au profit du vendeur d'effets mobiliers non payé : rétention, privilége, résolution, saisie-revendication, les deux premiers sont : l'un formellement consacré (art. 577), l'autre non moins formellement exclu (art. 550) par la loi commerciale, en matière de faillite. Quant aux deux autres, on discute sur le point de savoir comment a voulu les traiter le rédacteur du Code de commerce. L'art. 550 supprima complétement un certain droit de revendication ; l'art. 576 se borne à en restreindre un autre. Il s'agit d'apprécier si la faculté de revendication que reconnaissent les deux textes est la même (ce qui impliquerait contradiction de la part du législateur, puisqu'on ne restreint pas ce qu'on a une fois supprimé), ou si ce sont deux facultés distinctes conférées au vendeur, auquel cas il importerait de rechercher quelle est, au juste, la nature de chacune d'elles.

Selon nous, la revendication dont il est parlé dans

l'art. 576 ne serait autre chose que l'exercice amoin-
dri du droit de résolution, et par suite, celle qui fait
l'objet de l'art. 550, ne constituerait qu'une pure revendication de la possession. Ainsi s'accorderait la loi
commerciale avec la loi civile, d'après l'interprétation que nous avons donnée de celle-ci. C'est la revendication de l'art. 2102, n° 4, entendue dans le
sens de revendication du *droit de rétention*, que vise
l'art. 550 du Code de commerce et qu'il abolit. C'est,
au contraire, la revendication qui a pour fondement
le droit de propriété, que reconnaît l'art. 576, et dont
il diminue la portée. Or, pour que cette dernière
revendication soit légitimement concédée au vendeur, il faut qu'il y ait eu auparavant rupture du
contrat de vente; et c'est pour cela que nous avons
dit, tout à l'heure, que l'art. 576 consacrait l'exercice
restreint du droit de résolution.

Mais tâchons d'étayer notre manière de voir à
l'aide d'arguments sérieux.

D'abord, on ne comprendrait guère que l'art. 576,
C. com., s'occupât d'une revendication autre que celle
de la propriété, alors que tous les articles qui précèdent traitent précisément d'une revendication de
cette espèce. D'autre part, notre article lui-même,
dans son troisième alinéa, contraint le revendiquant
à rembourser à la masse les à-compte par lui reçus.
Cette disposition resterait inintelligible, si le législateur n'avait songé, en l'édictant, à l'anéantissement
du contrat. Il veut que les parties soient remises dans

le même état qu'avant l'accord des volontés et nullement que, le contrat étant maintenu, le vendeur par-
vienne à ressaisir le droit de rétention ; sans quoi, ce
dernier se fût trouvé en mesure de garder, à la fois,
et la chose, et les avances faites sur le prix, jusqu'à
ce qu'il eut obtenu pleine satisfaction de l'acheteur.
On objecte que l'art. 578 permet aux syndics de
poursuivre l'exécution de la vente, ce qui exclut,
s'empresse-t-on de dire, l'idée d'une résolution. C'est
là une fausse conclusion, fondée sur une interprétation vicieuse du texte. L'art. 578 se borne à faire
l'application du principe de droit commun, suivant
lequel, la *résolution* n'est pas forcée, mais facultative,
et a besoin d'être réclamée des tribunaux. L'acheteur peut toujours l'arrêter en se libérant, et se soustraire ainsi aux effets qu'elle était destinée à produire. Si donc les syndics, comme le déclare la loi,
obtiennent le pouvoir d'exiger la livraison des marchandises, c'est que déjà ils ont payé ou offert de
payer le prix. (Art. 1184, C. civ.)

On oppose à ce raisonnement, qu'il serait ridicule
d'avoir enlevé au vendeur son privilège dans
l'art. 550, alors qu'on laisse substituer à son profit
un droit bien plus énergique, le droit de résolution ;
et, à ce propos, on cite l'art. 7 de la loi du 23 mars
1855, qui a lié le sort de l'action résolutoire à celui
du privilège. — La réponse est aisée. Ce n'est qu'en
1855 que parut la loi que l'on invoque, et c'est en
1807 que fut rédigé le Code de commerce, en 1838

qu'il fut remanié. Les premiers rédacteurs ne durent donc pas se préoccuper d'une idée qui ne surgit que plus tard dans l'esprit de législateurs plus récents. L'art. 7, en tout cas, pose moins un principe général, qu'une règle spéciale dont on doit limiter la portée à l'hypothèse visée par la loi. D'ailleurs, il est un fait incontestable : le Code de commerce est conçu dans un esprit plus rigoureux que le Code civil, puisqu'il *limite* un droit de revendication que ce dernier ne restreint pas. Comment, dès lors, admettre qu'il ait voulu, lui, plus difficile, plus exigeant à l'égard du vendeur, consacrer au profit de ce dernier, dans l'art. 576, une faculté de *réclamation de la possession*, que le Code civil plus libéral, plus bienveillant, a refusé de lui octroyer dans l'art. 2102, n° 4, au dire de nos adversaires ? Il y a là une réelle antinomie.

Avec notre opinion, au contraire, qui consiste à voir dans la revendication dont parle l'art. 576 la réclamation de la propriété elle-même, et non point seulement de la possession, tout s'explique naturellement. On s'aperçoit que le même motif, qui a amené la suppression du privilége, entraîne la restriction du droit de résolution pour le vendeur. Ce motif est la nécessité de développer, autant que possible, le crédit commercial, d'éviter d'y porter atteinte. Or, si l'art. 576, C. com., n'autorise la résolution de la vente qu'autant que les marchandises ne sont point parvenues dans les magasins de l'acheteur, tandis qu'en matière ordinaire il est toujours permis de faire résoudre le contrat, encore que les choses mobilières aient été livrées, pourvu qu'elles n'aient pas été ensuite transmises à un étranger de bonne foi (art. 2279), c'est qu'on a surtout considéré, que le crédit commercial ayant sa principale base dans la masse des marchandises que possède un négociant, c'eût été fruster les créanciers de ces derniers, pleins de confiance à la vue de ces marchandises, que d'en autoriser la revendication après leur arrivée dans les magasins du failli. C'est dans le but de sauvegarder l'intérêt des tiers, que le législateur, en matière de faillite, a, d'une part, ôté au vendeur d'effets mobiliers son privilége, ainsi que la revendication du droit de rétention (art. 550), d'autre part, consacré à son profit, mais en le restreignant, le droit d'anéantir le contrat (art. 576). On conçoit, dès lors, que, dans l'espèce, l'action résolutoire puisse survivre au privilége, et que l'argument tiré de l'art. 7 (loi du 23 mars 1855) soit dénué de fondement. Toutes les fois que les créanciers du failli auront légitimement pu penser que les marchandises étaient entrées dans leur gage, la faculté de résolution sera éteinte; elle subsistera, au contraire, nonobstant la disparition du privilége, lorsque les intérêts engagés ne se débattront qu'entre les deux parties en cause, le vendeur et son acheteur.

Pour que l'art. 576 reçoive son application, il faut qu'il y ait eu *remise matérielle* des marchandises. Il a été jugé que les traditions feintes dont s'occupe le

Code civil (art. 1606) n'étaient point ici suffisantes (1).

Par le mot *magasin*, la loi veut désigner tout lieu quelconque en état de recevoir des marchandises jusqu'au moment de la revente. Ce pourrait être un bateau (2), si l'on avait l'habitude d'y revendre sur place les objets transportés, mais non une gare de chemin de fer, car, d'ordinaire, on ne revend pas les marchandises en gare, et leur présence en cet endroit n'augmente guère le crédit de celui auquel elles sont adressées. Il serait donc possible de revendiquer, même à la gare de destination, des marchandises vendues et expédiées, en cas de faillite de l'acheteur ; cela, parce qu'elles ne seraient point censées parvenues dans les magasins de ce dernier (3).

La revendication de l'art. 576 du Code de commerce, lorsqu'il y aura lieu de l'intenter, ne sera pas circonscrite dans des limites aussi étroites que celles qu'a tracées l'art. 2102, n° 4, du Code civil, à l'action dont il s'occupe. Il sera permis d'en user, même dans les ventes à *terme*, et après le délai *de huitaine*, à la seule condition que les marchandises ne soient pas encore arrivées en la possession de l'acheteur.

Le second alinéa de l'art. 576, en déclarant, dans

(1) Cassation, 24 février 1857 (Dalloz, 1857, 1, 45). — Rouen 4 mai 1847 (Dalloz, 1848, 2, 134).

(2) V. arrêts en sens contraire, du 20 juin 1859, Req. (Dalloz, 1859, 1, 388) et 17 août 1871, (Dalloz, 1871, 1, 287.

(3) Aix, 4 mai 1869. — Limoges, 24 mars 1870 (Dalloz, 1870, 2, 133).

l'espèce qu'il prévoit, la revendication non recevable, même avant l'entrée des marchandises dans les magasins, n'est pas plus rigoureux que le premier paragraphe, quoique cela paraisse tout d'abord. Il vise seulement l'hypothèse d'une revente faite par le premier acquéreur et suivie de tradition, laquelle, conformément au droit commun, doit investir de la propriété le tiers de bonne foi et lui donner le moyen d'invoquer la maxime : *En fait de meubles, possession vaut titre* (art. 2279). Néanmoins, pour que ce résultat soit atteint, il faut que la revente ait été effectuée sans fraude, sur factures et connaissements ou lettres de voiture signées par l'expéditeur. Cette obligation, imposée par la loi, dérive de ce qu'on ne peut se prévaloir de l'art. 2279 du Code civil, qu'autant que le propriétaire s'est volontairement dessaisi des objets que jusque-là il possédait.

Nous terminerons là l'exposé de cette grande théorie de la revendication des choses mobilières, qu'établit l'art. 2102, n° 4, du Code civil, et que visent les art. 550, 576 du Code de commerce. Nous l'avons développée comme une dépendance de notre sujet, comme une exception à la règle, qu'on ne suit pas les meubles par privilége. Il nous reste à indiquer seulement, à titre de conclusion, quels sont les effets du droit de suite, toutes les fois qu'il est possible de l'exercer, soit qu'on l'envisage au regard du propriétaire, soit qu'on le considère par rapport aux créanciers.

CONCLUSION.

La faculté de suivre les meubles tend à un but toujours très favorable pour celui qui en est investi. Quand c'est un propriétaire qui agit, et en supposant, comme nous l'admettons, qu'il fasse la preuve de son droit, il reconquiert une des plus belles prérogatives de la propriété, celle de jouir par soi-même. Lors, au contraire, que c'est un créancier qui porte l'action en justice, les avantages qu'il retire de ses démarches et de ses diligences ne laissent pas que d'être aussi très considérables. Il reprend la possession d'une chose qu'il avait le droit de retenir, *jure pignoris*, pour sûreté de sa créance, et dont il ne s'était défait que sous la condition d'un paiement prochain. Par là, il se trouve garanti contre l'insolvabilité du débiteur; il ne court plus aucun risque de ce côté : car, si l'obligé persiste dans son refus d'acquitter la dette, le créancier aura le droit de frapper de saisie et de faire vendre aux enchères l'objet qui a été replacé en ses mains. Une distribution s'ouvrira sur le prix, et le gagiste, exerçant son privilége, sera désintéressé par préférence aux autres créanciers. Il ne faut pas oublier, cependant, qu'il lui est expressément défendu, à défaut de paiement, de disposer lui-même du gage, puisqu'il n'est pas propriétaire. Tout au plus, est-il autorisé quelquefois à s'adresser à la justice, pour faire ordonner que les objets dont il est nanti lui demeureront en paiement et jusqu'à due concurrence, d'après une estimation faite par experts; il sera alors censé recevoir une *datio in solutum*, de par l'autorité du juge. Toute convention qui autoriserait le créancier à s'approprier le gage serait nulle, comme contraire aux lois et à l'ordre public. (Art. 2078, 2079 C. civ.).

POSITIONS

DROIT ROMAIN

I. Dans les contrats *stricti juris*, et spécialement dans le *mutuum*, les intérêts n'étaient pas dus au créancier *ex litis contestatione*.

II. Jusqu'à Dioclétien, le possesseur de bonne foi fait siens les fruits extantes *litis contestatæ tempore*.

III. La prestation de l'indû, déterminée par une erreur *de droit*, donne lieu à répétition, toutes les fois que l'erreur est *excusable* et n'est pas une *cause d'enrichissement*.

IV. Les jurisconsultes romains ne s'entendaient pas sur le point de savoir si le Sénatus-Consulte de Septime Sévère, relatif aux donations entre époux, s'appliquait tant aux donations par voie de dation (*donationes rerum*), qu'aux

donations par voie de promesse ou remise de
de dette (*per obligationem, vel acceptila-
tionem*).

V. La compensation resta toujours judiciaire à
Rome, même au temps de Justinien.

DROIT COUTUMIER

I. Le droit et les institutions gauloises disparu-
rent sous l'influence de la conquête romaine.

II. Les Assises de la Cour des barons ne sont pas
une simple nomenclature de fiefs; elles reproduisent le droit de l'Europe à l'époque où on
les rédigea.

III. La curie exerçait dans le royaume des Wisi-
goths une juridiction volontaire; elle n'avait
de juridiction contentieuse que sur ses membres.

IV. La distinction des biens en meubles et immeubles ne remonte pas au Droit romain; elle a
son origine dans notre ancien Droit coutumier.

DROIT CIVIL FRANÇAIS

I. La loi laisse à l'arbitrage du juge l'appréciation
de la question de savoir, si la violation des
règles sur la compétence de l'officier d'état-

civil est ou n'est pas assez grave pour entraîner la nullité du mariage.

II. Un mariage putatif peut avoir pour effet de
légitimer les enfants naturels que les époux
ont eus d'un commerce antérieur, et qu'ils ont
reconnus.

III. L'enfant *né* dans le mariage, quoique *conçu*
avant la célébration, naît légitime.

IV. L'enfant naturel peut être adopté par le père
ou la mère qui l'a reconnu.

V. Les servitudes continues et apparentes ne peuvent être acquises par une possession de *dix*
ou *vingt ans*, avec juste titre et bonne foi.

VI. On ne doit pas considérer comme possesseurs
précaires ceux qui, après avoir aliéné une
chose, ne la livrent pas à l'acquéreur et con-
tinuent d'en jouir.

VII. La quotité disponible fixée par l'art. 1094 est
invariable et indépendante du nombre des
enfants.

PROCÉDURE CIVILE

I. Les étrangers sont capables d'acquérir en
France un domicile *de fait*, moins précieux
sans doute que le domicile autorisé, mais
néanmoins suffisant pour leur permettre de
porter leurs actions devant les tribunaux
français.

II. Les tribunaux civils n'ont pas la plénitude de juridiction, à l'effet de connaître des affaires que le législateur, par une disposition spéciale, a placées dans la compétence des juridictions d'exception.

III. Le tribunal civil, incompétent seulement *ratione personæ*, peut juger, mais n'y est point tenu.

IV. La vente consentie par le débiteur saisi, mais non transcrite avant la transcription de la saisie, n'est pas opposable aux créanciers saisissants.

DROIT CRIMINEL

I. L'interdiction légale n'est pas appliquée au contumax pendant la durée de la contumace.

II. La grâce relève le condamné à une peine afflictive et infamante de l'état d'interdiction légale, auquel il se trouvait accessoirement soumis.

III. Un étranger, qui a commis un crime en France, peut être traduit devant les tribunaux français, bien qu'il ait déjà été l'objet de poursuites dans son pays, à raison de cette infraction.

1V. Le *délit manqué* n'est pas punissable, lorsque le mal matériel ne s'est pas produit par suite d'une circonstance ignorée de l'agent ou de l'inefficacité du moyen par lui employé.

DROIT COMMERCIAL

I. La femme, même mariée sous le régime dotal, peut être autorisée par son mari à faire le commerce.

II. Le voiturier ne perd pas le privilége qui lui est accordé par l'art. 2102 du Code civil, par cela seul qu'il s'est dessaisi de la chose transportée et l'a remise au destinataire avant d'avoir été payé.

III. Un billet *non causé*, souscrit par un mineur commerçant, est présumé, jusqu'à preuve contraire, se rattacher à ses opérations commerciales.

DROIT ADMINISTRATIF

I. Une réunion de plus de vingt personnes revêt le caractère de réunion publique, dès l'instant que *chacun* des assistants n'est pas muni d'une carte personnelle d'invitation.

II. Les immeubles bâtis, même affectés à un service public, ne sont choses du domaine public que lorsque des textes spéciaux leur ont attribué ce caractère.

III. Le recours pour *excès de pouvoir* contre un

acte administratif peut être directement porté
devant le Conseil d'Etat, sans qu'il soit besoin
d'en référer, au préalable, au supérieur hiérar-
chique du fonctionnaire qui a commis l'excès
de pouvoir.

DROIT DES GENS

I. Le droit des gens est un *droit positif*, bien
qu'imparfait encore sous le rapport de sa
forme, comme sous le rapport de son étendue.

II. En temps de guerre, terrestre ou *maritime*, on
ne doit pas porter atteinte à la propriété
privée ennemie.

III. Les tribunaux des prises ne sont pas des tribunaux internationaux; ils n'ont d'autorité que
vis-à-vis des membres de la nation à laquelle
ils appartiennent.

ÉCONOMIE POLITIQUE

I. Le système du libre-échange est le système
que l'on doit tendre à appliquer dans les
rapports industriels et commerciaux entre
nations.

II. L'impôt (ou mieux *contribution*) se justifie dans

notre société française actuelle, par l'idée
d'un sacrifice, demandé aux citoyens, pour
subvenir aux dépenses générales de l'Etat.

Vu par le Président de la Thèse,
GINOUILHAC.

VU PAR NOUS,
Doyen de la Faculté,
H. BONFILS.

Vu et permis d'imprimer :
Le Recteur de l'Académie,
C. CHAPPUIS.

———

Cette thèse sera soutenue, en séance publique, dans une
des salles de la Faculté de droit de Toulouse, le 13 décembre 1879.

———

« Les visa exigés par les règlements sont une garantie des principes et
" des opinions relatifs à la religion. à l'ordre public et aux bonnes mœurs
» (Statut du 9 avril 1825, article 41), mais non des opinions purement
» juridiques, dont la responsabilité est laissée aux candidats.

» Le candidat répondra, en outre, aux questions qui lui seront faites
« sur les autres matières de l'enseignement. »

TABLE DES MATIÈRES

DROIT ROMAIN